... Títulos relacionados

HOTR0108 OPERACIONES BÁSICAS DE COCINA

[DISPONIBLE CERTIFICADO COMPLETO]

Solicítalos en

- Librería
- www.paraninfo.es
- Solicitudes nacionales +34 914 463 350
- Solicitudes fuera de España +34 913 308 907
  +34 913 308 919

Elaboración de platos combinados y aperitivos

Víctor Pérez Castaño

© 2024 Ediciones Paraninfo, S. A.
© 2024 Víctor Pérez Castaño

Edición y maquetación: Ediciones Nobel, S. A.

Impresión: Liberdigital (Casarrubuelos, Madrid)
ISBN: 978-84-283-6518-5
Depósito legal: M-7021-2024

Impreso en España

Víctor Pérez Castaño, técnico especialista en Cocina y licenciado en Geografía e Historia es en la actualidad profesor técnico de Formación Profesional en la Escuela de Hostelería del IES Valle de Aller (Asturias).

A lo largo de su carrera ha aportado su experiencia y buen hacer como profesor de cocina en diferentes cursos, jornadas gastronómicas y congresos impartidos dentro y fuera de España.

Asturias, Italia, Bélgica, Francia y Brasil son algunos de los lugares en que ha dejado constancia de su profesionalidad.

En formación continua, Víctor ha querido ahora en esta obra plasmar sus conocimientos sobre algunos aspectos de la elaboración culinaria básica.

Índice

Introducción normativa

La Ley Orgánica 3/2022, de 31 de marzo, de ordenación e integración de la Formación Profesional, contiene una disposición derogatoria única que afecta a la regulación de los certificados de profesionalidad, ahora denominados **Certificados Profesionales.** La referida normativa deroga la Ley Orgánica 5/2002, de 19 de junio, de las Cualificaciones y de la Formación Profesional, y abre un escenario de cambios que se irán implementando progresivamente.

La Ley Orgánica 3/2022, de 31 de marzo, de ordenación e integración de la Formación Profesional implica que toda la formación es acumulable. La oferta formativa se estructura de forma escalonada, siendo los Certificados Profesionales un nivel intermedio (Grado C) de una escala que va desde el Grado A hasta el E.

En los artículos 35 a 38 de la Ley 3/2022 se describe en qué consisten estos Certificados Profesionales: su oferta, formación asociada, estructura, duración, acceso, titulación y validez. Posteriormente, esta normativa se completa con lo dispuesto en el Real Decreto 659/2023, de 18 de julio, que desarrolla la ordenación del sistema de Formación Profesional. Concretamente en los artículos 67 a 81 es donde se hace referencia a la oferta formativa de Grado C, correspondiente a los Certificados Profesionales.

Están agrupados en 26 familias profesionales con características comunes del sector. En la actualidad hay más de medio millar de Certificados Profesionales incluidos en el Repertorio Nacional. Esta cifra no deja de crecer. Además, cada certificado está específicamente regulado por un real decreto.

Un Certificado Profesional corresponde al Grado C de la oferta del Sistema de Formación Profesional. Es un documento oficial, con validez en todo el territorio nacional y debe constar en el Catálogo Nacional de Ofertas de Formación Profesional, que certifica la capacitación para el desarrollo de una actividad profesional.

Debe detallar los módulos profesionales superados y los estándares de competencia profesional asociados a él e incluidos en el **Catálogo Nacional de Estándares de Competencias Profesionales**, así como su correspondencia con el Marco Español de Cualificaciones.

Despliegan su validez en un doble ámbito, laboral y académico:

- En el contexto laboral tienen validez profesional, porque acreditan las competencias en una determinada profesión. Para poder trabajar en algunas profesiones, se exigen determinadas cualificaciones, y los certificados sirven para acreditarlas.

- Asimismo, tienen validez académica, puesto que permiten continuar un itinerario formativo siempre que se cumplan los requisitos de acceso para cursar la titulación deseada. De tal modo que, los Certificados Profesionales que sean parte de un Grado D permitirán la matrícula modular para completar los módulos establecidos en el currículo y obtener el correspondiente título de técnico básico, técnico o técnico superior con validez en todo el territorio nacional.

Para obtener un Certificado Profesional (Grado C) es preciso cumplir con los requisitos de acceso para realizar la formación.

Estructura de los Certificados Profesionales

I. Identificación: denominación, familia y área profesional a la que pertenecen; nivel de cualificación profesional (1, 2 o 3); cualificación profesional de referencia; entorno profesional y módulos formativos que esté previsto cursar junto con la duración de cada uno de ellos.

II. Perfil profesional: incluye las competencias profesionales requeridas en el mercado laboral. En todas ellas se concretan las realizaciones profesionales y los criterios de realización.

III. Formación: describe los módulos formativos que esté previsto cursar para adquirir las competencias requeridas. En cada uno de ellos se indican las capacidades que se pretende alcanzar y la duración del módulo de prácticas no laborales —PNL—, para el que cabe solicitar exención si se cumplen determinados requisitos.

IV. Prescripciones de las personas formadoras.

V. Requisitos mínimos de espacios, instalaciones y equipamiento.

Los Certificados Profesionales se identifican con una denominación concreta y un código alfanumérico propio, y sirven para acreditar una determinada cualificación profesional. Cada certificado está asociado a una relación de unidades de competencia que, a su vez, se vinculan con una serie de módulos formativos específicos. Algunos módulos están integrados por unidades formativas y tanto unos como otras son, en ocasiones, transversales, lo que significa que se trata de contenidos incluidos en más de un Certificado Profesional.

Los Certificados Profesionales se articulan en tres niveles de competencia profesional (1, 2 y 3) conforme a lo dispuesto en el que será el Catálogo Nacional de Estándares de Competencias Profesionales, anteriormente Catálogo Nacional de Cualificaciones Profesionales (CNCP), según los criterios establecidos de conocimientos, iniciativa, autonomía y complejidad de las tareas, en cada una de las ofertas de Formación Profesional.

La oferta formativa dirigida a la obtención de los Certificados Profesionales tiene carácter modular para favorecer la acreditación parcial acumulable de la formación recibida y posibilitar así el avance en el itinerario de Formación Profesional para cualquiera que sea la situación laboral de cada persona en cada momento.

En definitiva, el Grado C constituye la oferta, parcial y acumulable, del sistema de Formación Profesional, de varios módulos profesionales del catálogo modular de Formación Profesional por razón de su significado en el mercado laboral y conducente a la obtención de un Certificado Profesional.

Las ofertas de Grado C de Formación Profesional tendrán por objeto módulos profesionales incluidos previamente en el catálogo modular de formación profesional y asociados al Catálogo Nacional de Estándares de Competencias Profesionales.

Finalidad de los Certificados Profesionales

- Contribuir a la ordenación de un Sistema de Formación Profesional al servicio de un régimen de formación y acompañamiento profesionales que sea capaz de responder con flexibilidad a los intereses, expectativas y aspiraciones de cualificación profesional de las personas a lo largo de su vida.

- Combinar escuela y empresa situando a la persona en el centro del sistema.

- Facilitar el aprendizaje permanente de toda la ciudadanía mediante una formación abierta, flexible y accesible, estructurada de forma modular, a través de la oferta formativa asociada al certificado.

- Acreditar las cualificaciones profesionales o las unidades de competencia recogidas en estas, independientemente de su vía de adquisición, bien sea a través de la vía formativa, o mediante la experiencia laboral o vías no formales de formación.

- Favorecer, tanto a nivel nacional como europeo, la transparencia del mercado de trabajo.

- Contribuir a la calidad de la oferta de Formación Profesional.

Este libro

El presente libro desarrolla la unidad formativa denominada *Elaboración de platos combinados y aperitivos,* UF0057.

Dicha unidad formativa está asociada a la Unidad de Competencia UC0256_1, forma parte del Módulo Formativo MF0256_1 *Elaboración culinaria básica* perteneciente a la Cualificación Profesional de referencia HOTO91_1, de nivel 1, incluida en el Certificado Profesional denominado *Operaciones básicas de cocina,* dentro de la familia profesional Hostelería y turismo.

Según el Real Decreto 1376/2008, de 1 de agosto, modificado por el Real Decreto 619/2013, de 2 de agosto, los contenidos que en esta obra se recogen se corresponden con una duración de 60 horas.

Tanto la estructura como el desarrollo del libro se ajustan al citado real decreto y más concretamente a los contenidos de la unidad formativa que le da título *Elaboración de platos combinados y aperitivos,* UF0057.

Contenido

1. **Elaboración de platos combinados y aperitivos sencillos**
   - Definición y clasificación
   - Tipos y técnicas básicas
   - Aplicación de técnicas sencillas de elaboración y presentación
   - Aplicación de técnicas de regeneración y conservación

2. **Participación en la mejora de la calidad**
   - Aseguramiento de la calidad
   - Actividades de prevención y control de los insumos y procesos para tratar de evitar resultados defectuosos

Nota del editor

En Ediciones Paraninfo estamos comprometidos con la calidad de la formación e intentamos que nuestros materiales, respondan fielmente y con rigor a las necesidades de todos cuantos confían en nuestro sello editorial.

Tratamos de dar respuesta a los currículos de las unidades formativas y de los módulos que integran los distintos Certificados Profesionales, equilibrando la parte teórica con la práctica para que los procesos de aprendizaje se conviertan en experiencias gratificantes tanto para docentes como para las personas inmersas en los procesos formativos.

Contribuir de forma decisiva a afianzar aprendizajes, ayudar a adquirir destrezas que tengan significado para el empleo y conseguir potenciar el desarrollo personal es nuestra mayor satisfacción como editores.

Para lograrlo contamos con excelentes autores, expertos en las materias que abordan, en la mayoría de los casos docentes de dichas especialidades con dilatada experiencia profesional y académica, porque buscamos perfiles familiarizados con los contextos laborales concretos a los que se refieren nuestros manuales.

Confiamos en poder serte de ayuda y esperamos tus impresiones acerca de nuestro trabajo. Sean positivas o negativas, serán muy bien recibidas y, sin duda, nos ayudarán a seguir mejorando y trabajando con ilusión para continuar siendo un referente en formación para el empleo.

Agradecemos tu confianza en nuestros manuales. Todo nuestro equipo queda a tu total disposición. Puedes contactar con nosotros en esta dirección de correo electrónico: info@paraninfo.es.

1. Elaboración de platos combinados y aperitivos sencillos

Contenido

En esta unidad, se estudiarán las distintas posibilidades que en restauración presentan las ofertas de platos combinados y aperitivos.

El abanico es tan amplio que podemos encontrar estas ofertas tanto de manera aislada como complementando la de establecimientos de restauración tradicionales.

De esta manera, nos encontramos con:

- Establecimientos con oferta única de platos combinados: generalmente cafeterías y *snack-bars*.
- Restaurantes con espacios para servicio de carta, banquetes y menús con espacios adecuados para el servicio de platos combinados.
- Gastrobares o cocina de autor en forma de micrococina o tapas actualizadas.
- Servicios de *catering, lunch* o vinos españoles en forma de micrococina, ofertados por restaurantes u hoteles tradicionales.
- Servicios únicos de tostas, cazuelitas, diversos soportes o minicocina en neorrestauración.

En este libro, se intentará clasificar de forma somera toda esta variedad, pero debe señalarse que en los tiempos actuales esta oferta solo obedece a la imaginación de cada cocinero o establecimiento, ya que las posibilidades son muy variadas.

1.1. Definición y clasificación

PLATOS COMBINADOS

Por plato combinado entendemos aquella elaboración de carácter único (en cuanto a su consumo, ya que sustituye a un menú), que incluye en su presentación y de forma equilibrada al menú tradicional. Es decir, dentro de un plato combinado, nos encontramos con:

- Un género principal, generalmente a base de elementos proteicos (pescado, carne o huevos).

- Una guarnición generalmente confeccionada a base de alimentos energéticos (patata, arroz, pasta, etc.).

- Una segunda guarnición a base de alimentos reguladores (hortalizas, ensaladas, etc.).

- En ocasiones, una salsa.

Siguiendo este esquema, nos encontramos con varios ejemplos de platos combinados, a modo de ejemplo:

- Plato de merluza a la romana, ensaladilla rusa y salsa mayonesa.

- Plato de bistec a la plancha, con patatas fritas, ensalada verde y salsa de queso.

- Plato de ensaladilla de arroz y marisco, huevos cocidos y salsa rosa.

ENTREMESES Y APERITIVOS

Este término ha ido evolucionando con el tiempo, en la medida en que cambian también su presentación y servicio. En las cartas actuales aparecen presentados como "entremeses y aperitivos", pero su uso puede ampliarse a la oferta de vinos españoles, *catering* y eventos, e incluirse en la micrococina, en función de los ingredientes utilizados y la mayor complejidad en su presentación.

La denominación de entremés y aperitivo hace referencia también a un plato montado, servido en los banquetes e integrado por varios productos y diferentes texturas, como son los entremeses fríos (embutidos y quesos), o los calientes (frituras variadas).

En otros casos se utilizan como elemento introductorio de una comida, con el servicio de elementos que amenicen la espera y predispongan al comensal para degustar los platos del servicio de menú, carta o menú degustación.

Y para finalizar, en ocasiones se conciben como elaboraciones culinarias completas en pequeño formato (minicocina), siendo utilizados como oferta completa en vinotecas, gastrobares, servicios de vino español o menús degustación extensos.

La condición básica que deben reunir estos aperitivos es que por su presentación sean apetecibles (en algunos casos espectaculares) y, si sirven como entrada de un menú, estimulen el apetito del comensal.

Para su clasificación, se pueden agrupar de diferentes maneras:

- En cuanto a su composición, si el género aparece de manera aislada o no, en simples (vasito de gazpacho) o compuestos (vasito de gazpacho con brocheta de anchoa y espuma de jamón), en función de que incluyan un solo elemento o más.
- En cuanto a la temperatura de servicio, en fríos (gazpacho) o calientes (tempura de langostinos), que a su vez influye también en los diferentes modelos de servicio.
- En cuanto a su presentación: más o menos elaborados en función del tipo de servicio u oferta del establecimiento.
- Por su valor económico, que también influye en una mayor o menor elaboración, presentación y complementos. Como en el caso anterior, también se realiza en función del tipo de servicio u oferta del establecimiento.

Entremeses y aperitivos fríos

Este tipo de entremeses y aperitivos tienen la ventaja de que pueden ser elaborados con antelación al servicio, por lo que facilitan la preparación y organización del trabajo en cocina.

Frutos secos	Almendras, pistachos, avellanas, anacardos, frutas deshidratadas, cócteles de frutos secos y frutas deshidratadas, etc.
Encurtidos	Brochetas y banderillas, pepinillos, aceitunas, gildas, etc.
Salazones	Mojama y huevas de atún, jamón, cecina, etc.
Ahumados	Salmón, pez espada, palometa, bacalao, esturión, etc.
Fiambres	Quesos, York, fiambres de Sajonia, terrinas, embutidos, etc.
Pescados	*Carpaccio,* marinados, encurtidos, confitados, elaboraciones a la plancha en pequeñas porciones.

Mariscos	Ostras al natural o glaseadas, almejas en salsa, navajas, langostinos, mejillones en vinagreta o tigres, etc.
Huevos rellenos o no	A la mimosa, escalfados Gran Duque, porciones de tortillas, etc.
Hortalizas	Simples: tempura de espárragos, champiñones gratinados, etc. Compuestas: escalibadas, ensaladillas, hortalizas rellenas.
Canapés	Con diferentes cortes, ingredientes y terminación: de salmón, de jamón, de fuagrás, de terrinas y budines, etc.
Sándwiches	De vegetales, de fiambres, mixtos, *croque-monsieur,* de diversas ensaladillas, etc.
Tartaletas de pasta quebrada	Con rellenos diversos, como ensaladillas, terrinas y budines, miniquiches, etc.
Hojaldres	Con cortes diversos (tartaletas, volovanes, etc.) y rellenos variados: ensaladillas, hortalizas y diversas farsas.
Lionesas	Diferentes rellenos: farsas variadas.
Medias noches y minihamburguesas	Rellenos a base de fiambres, carnes, pescados, ensaladillas, etc.
Frutas frescas	Ensaladas de frutas, brochetas, purés, etc.
Especiales	Caviar, huevas de salmón o trucha, fuagrás, etc.

Frutas

- Frutos secos: generalmente en cócteles de frutos secos variados. Se suelen ofrecer en vinos españoles, cócteles o aperitivos, servidos de pie o como entrante antes de que se sirvan los platos. Presentados en cazuelitas de loza.

- Frutas naturales: servidas en forma de ensaladas o brochetas, zumos de tomate u otros, en hielo pilé. Cuando servimos las frutas al natural tal cual, estas deberán estar preparadas de antemano según el servicio donde se presenten.

Encurtidos

- Son elaboraciones de sabor fuerte, debido al método con el que son preparados: salmuera y vinagre.

- Se utilizan como los frutos secos, servidos en cazuelitas, bien sean de forma individual, o mediante una mezcla de ellos, que pueden ir en brocheta.

- Los productos que se suelen emplear en la elaboración de encurtidos son hortalizas como pepinillos, aceitunas, guindilla verde, pimientos, etc., junto a elementos proteicos.

Salazones

- Se utilizan tanto las de carnes como las de pescados. Las salazones de carnes más empleadas son las de cerdo (jamón), caza (jamón de pato o salazones de caza mayor) y vaca (cecinas).

- Las salazones de pescado más apreciadas son la mojama de atún, anchoas, huevas de maruca o atún (estas últimas propias del Mediterráneo).

- Podemos servirlas de diferentes formas, aunque lo más usual es hacerlo tal cual, es decir, simplemente cortada, bien sea fina o gruesa, presentada en una fuente; en otras ocasiones, con un chorro de aceite de oliva virgen, y en ocasiones con algún producto que contraste su sabor, como en el caso del melón con jamón, mojama con piña, anchoas con queso fresco y tomate, con cilantro y cebollino, etc.

Ahumados

- Los ahumados son elaborados generalmente con pescados grasos como el esturión, salmón, palometa, trucha, etc.

- Se suelen servir en piezas enteras precortadas o sobre una tabla apropiada para realizar el corte (generalmente con la forma del propio pescado), o bien ya porcionado en platos, acompañado de salsas o *coulis,* o sobre tostas en compañía de una guarnición mimosa (yema y clara de huevo duro, perejil picado, cebolla, pepinillos y alcaparras) todo bien picado.

- También se pueden presentar los ahumados en forma de cornete o moldeados como el *sushi.* Como ejemplo, un cornete de pescado ahumado y queso fresco sazonado con sal, pimienta, cebollino, cebolla y cilantro, o bien rellenos de huevo hilado, de ensaladillas de marisco, etc., junto a los ahumados, servidos sobre fuente que podrá ir con un lecho de lechuga en chifonada o bien sufratados con gelatinas.

Fiambres y quesos

- Los fiambres suelen ser servidos bien sea sobre fuente, una vez porcionados en lonchas, sobre tostas, o presentados de forma integra.

- Podemos dividirlos en:

  — Fiambres curados, como el jamón serrano o ibérico, el lomo embuchado o la lengua escarlata.

  — Fiambres elaborados, como los patés, las galantinas y las terrinas.

  — Los quesos, cortados y presentados teniendo en cuenta la forma, el tamaño y consistencia de la variedad que se va a servir, en ocasiones combinados en tablas de quesos.

- Alguno de ellos como el jamón serrano o el ibérico, el de Praga, el de York, etc., se pueden presentar en combinación con frutas (melón o tosta de aceite y tomate) en cornete, con o sin relleno.

Variedad de fiambres curados.

Pescados

- Elaborados sometidos (o no) a la acción del calor, pueden ser marinados (salmón), crudos (*carpaccio* o tartar), confitados (pilpil) o confeccionados a la plancha *(teriyaki)*.

- Generalmente son transformados por diferentes procesos, bien sean tipo *carpaccio, sashimi* o ceviche y en salmuera como el *gravlax*.

- Tanto una elaboración como otra precisan de pescados muy frescos y se pueden servir y presentar de diferentes formas y con diferentes guarniciones, la más usual es la de presentarlos cortados muy finamente y aderezados con aceite de oliva y algún aroma, *coulis* agridulces, salsa de soja, etc.

— *Carpaccio,* ceviche: macerado.

— *Gravlax:* marinado.

• Los *carpaccios,* láminas finas de pescado crudo (salmón, atún, lubina, etc.), se deben aderezar con algún ácido, siendo este el que efectúa la transformación del producto al instante; se emplean los siguientes:

— Vinagre (jerez, manzana, módena, etc.).

— Zumo de limón.

— Zumo de lima.

— Zumo de naranja ácida.

— Zumo de pomelo.

Carpaccio de atún.

• El *gravlax* es originario de los países y territorios nórdicos (Escocia, Dinamarca, Suecia, Noruega, etc.) y viene a significar 'enterrado'; se refiere al marinado en sal y azúcar de un producto, pescado en este caso (en proporción de tres partes de sal por una de azúcar) para su transformación y conservación.

Generalmente se utilizan pescados grasos como salmón, caballa, esturión, etc., y se aromatiza de diferentes formas, incluso ahumándolo tras el proceso.

Salmón marinado al eneldo

- Para el marinado utilizaremos sal gruesa, mezclada con azúcar en una proporción del 60 %, mezclado con eneldo fresco, bayas de enebro y unas gotas de ginebra.
- Se coloca el lomo de salmón desespinado entre este preparado con un peso encima para facilitar la salida de la humedad del pescado.
- Transcurrido el tiempo necesario, según el grosor del pescado, procederemos a limpiarlo para posteriormente cortarlo en lonchas muy finas, regándolas con aceite de oliva virgen y sazonándolas al gusto.

- Los ceviches son preparaciones de pequeños cortes de pescados semigrasos o grasos, e incluso mariscos, en crudo, sazonados con hortalizas como cebolla, pimiento, etc., zumo de lima, tabasco y cilantro, empleados para su presentación en cucharillas japonesas o pequeños recipientes de loza o cristal.

- Los *sashimis* son elaboraciones de la cocina japonesa que emplean cortes finos de pescados semigrasos y grasos (salmón, atún, lubina, etc.), que se sirven en pequeñas porciones acompañados de salsa de soja y *wasabi*.

Ceviche.

Sashimi.

Mariscos

- Entre los mariscos que son servidos fríos, y de uso más común, nos encontramos las ostras, almejas y navajas, servidas estas por norma general al natural, aromatizándolas con un poco de zumo de limón o de lima.

- Es necesario tener en cuenta que para servir estos mariscos deben estar vivos, ya que pueden acarrear riesgos para la salud cuando no están en perfectas condiciones higiénico-sanitarias o correctamente depurados.

- Se suelen servir al natural abiertos, sobre una de sus valvas en el caso de las ostras o con las dos en el caso de almejas y navajas. En algunos casos glaseados o acompañados de espumas o aires.

- Se presentan en pequeños platos especiales, sobre hielo pilé; en caso de no contar con estos se sirven sobre hielo pilé en platos o fuentes hondas.

- Como acompañamiento se pueden ofrecer gajos de limón, lima o pomelo, pimienta, salsas como Perrins o tabasco, e incluso reducciones de vino blanco o tinto con chalota picada y perejil para aromatizar, servida esta reducción fría.

- Ciertos moluscos admiten macerados en ácido, como los *carpaccios,* es el caso de las vieiras o las ostras.

- También podemos servir los moluscos fríos, una vez cocinados, bien sea al natural (berberechos, bígaros, mejillones), en escabeche o en vinagreta y ravigote (mejillones).

- Los mariscos se servirán fríos una vez cocinados, bien sea servidos en bandejas simplemente, en salpicones o ensaladillas, o formando parte de un servicio especial de bufé, para lo que los prepararemos acompañados de salsas frías como la mayonesa, vinagreta o alguna de sus derivadas.

- También podemos servir los mariscos en combinación con frutas tropicales a modo de ensalada o en brocheta, como aguacate, piña, etc.

Mejillones en vinagreta.

Huevos

- Podemos utilizar los huevos cocinados de diversas maneras (escalfados, en revuelto, fritos como los de codorniz), o simplemente cocidos, cortados por su mitad (rellenos o no) y salseados con mayonesa o derivadas, como la salsa rosa, tártara, muselina, etc.

- Aunque la forma más empleada son los huevos duros rellenos con diferentes farsas, pudiendo emplear todo tipo de productos, elaborando las farsas en crudo o cocinadas, rellenando con estas las claras por medio de manga y boquilla rizada generalmente, para servir en elaboraciones frías (mimosa) o calientes (gratinados y glaseados).

- No solo se pueden emplear huevos de gallina, en la actualidad se emplean como aperitivos fríos los huevos de codorniz, elaborados y presentados de formas diversas (sobre tostas, acompañando salazones como cecinas o setas).

Huevos *alla diavola.*

Hortalizas

Las hortalizas servidas como entremés se dividen en simples o compuestas (en función de que se trate de una de ellas o de varias en la combinación), ya sean crudas o cocinadas:

- Simples:
  — Nos referimos a las hortalizas crudas o cocinadas servidas frías, que se utilizan como aperitivo en brochetas, combinaciones con salazones (pimientos asados), etc.

Hortalizas asadas.

— Estas pueden ir aderezadas o no; por norma general, suelen servirse simplemente con aceite de oliva, reducciones de vinagre balsámico o con alguna salsa fría, como la mayonesa o derivadas, o con aderezos como el ravigote, también denominado aderezo a la española.

— Ejemplos son las alcachofas a la vinagreta, los pimientos asados o los encurtidos.

• Compuestas:

— Hacen alusión a las hortalizas crudas o cocinadas, servidas junto a otros elementos; en algunos casos complementando a estos, como podrían ser fondos de alcachofa rellenos de espuma de salmón, hojas de endibia con

Minipizzas de berenjena.

loncha de salmón ahumado y salsa de roquefort, fondos de calabacín rellenos, champiñones rellenos, etc.

— En otros, sirviendo incluso como base para el resto de los componentes,
como los tomates rellenos de salpicón de marisco, pimientos rellenos, fondos de pepino rellenos de ensaladilla, aguacates con gambas, etc.

Canapés

Sin duda se tratan de uno de los elementos más empleados en la composición
de aperitivos, por la gran versatilidad que ofrecen.

Entendemos por canapé la porción de pan inglés (de molde), o de cualquier otro
tipo (minitostas), al que se unta un producto graso para que le aporte jugosidad y capacidad de adhesión, como la mantequilla, simple o compuesta, o la
mayonesa, cubiertos o napados con diferentes productos, bien sean cremas,
fiambres, carnes, pescados o la combinación de estos.

• Se pueden clasificar por composición del género principal, que les da nombre:

— Cremas: patés de pescados o mariscos, sobrasada, fuagrás, queso azul,
quesos cremosos.

— Vegetales: espárragos trigueros confitados, *pa amb tomàquet*, hortalizas a
la plancha, pimientos asados, escalibada.

— Fiambres: cecinas, jamón de pato, serrano o ibérico, galantinas, lomo.

— Quesos: cualquier queso cortado en lonchas finas: emmental, manchego,
Idiazábal, etc.

— Salazones: mojama, cecinas, huevas curadas, bacalao, esturión, etc.

— Ahumados: salmón, bacalao, palometa, trucha, esturión, anguila.

— Carnes: rosbif, lengua de ternera, *carpaccio,* pechugas de pollo, escabeches.

— Pescados: marinados, macerados, en escabeche, en salpicones.

— Huevos: de varias especies, generalmente cocidos y con salsa o en revueltos.

— Otros: caviar, huevas de distintos pescados, tartares, brandadas, elaboraciones en plancha o confitadas, etc.

• Según la cantidad de ingredientes que intervengan en su elaboración:

— Simples: cuando solo tienen un ingrediente base que le da su denominación.

— Compuestos: varios ingredientes, en frío o en caliente, alternando tanto colorido como sabor.

• Según la forma en la que se disponga el elemento base:

— Directamente: escalibadas, pescados confitados o a la plancha, carnes, etc.

— Extendidos: napado con las diferentes cremas directamente.

— En rosetón: utilizando manga y boquilla, para cremas o patés convertidos en crema.

• Según su forma y tamaño:

— Redondos: apropiados para disposiciones en rosetón.

— Cuadrados: apropiados para disposiciones en rosetón o pescados confitados o carnes y pescados a la plancha.

— Rectangulares: para elaboraciones de hortalizas, escalibadas, escabeches, fiambres, etc.

— Otros: en triángulo o cortados con cortapastas, en forma de media barra cortada (tostas), etc. Son adecuados para las elaboraciones de mayor tamaño.

• Según su acabado:

— Sin decorar: servidos una vez elaborados (escalibadas, escabeches).

— Decorados: por medio de espátula *(comet)* o reducciones y glasas, microvegetales, etc.

— Abrillantados con gelatina (salmón marinado, jamón, fuagrás, etc.).

• Según elaboraciones especiales:

— Cilíndricos: en este caso se utiliza pan de molde en planchas o bizcocho ligero sin apenas azúcar. Se unta el pan con la crema (de budín de pescado, queso, etc.) o el ingrediente principal (jamón de York u otros fiambres) enrollándolo con cuidado y presionando para formar un cilindro compacto, incluso ayudados con papel film. Tras esta operación, se refrigera para que adquiera consistencia, cortándolo en discos y decorándolo para su servicio. En este caso, el pan de molde debe cortarse de forma longitudinal o, como ya se ha dicho, utilizar planchas.

— Montaditos: se trata de la versión española del canapé (sus modalidades, elaboraciones y variantes son las mismas), pero en este caso se sustituye el pan de molde por rodajitas de pan de barra o cortes de rodajas de pan de hogaza, pudiendo ser tostadas (minitostas) o no.

— Puede haber alternativas en la base del canapé: podemos encontrarnos con canapés elaborados con diferentes tipos de pan e incluso otras bases. Si nos referimos a variaciones en el tipo de pan, lo hacemos en cuanto al uso de panes de molde elaborados con distintos cereales (o mezcla de varios) como: pan negro alemán, cebada, maíz, centeno, integral, etc.

Si nos referimos a otros elementos, emplearemos como bases: arepas o tortos de maíz, bizcochos ligeros, blinis fritos, pequeñas tortillas o crepes para la modalidad de canapés en rollos, masas de *pizza* horneadas, panes de pita, crujientes elaborados a partir de elementos harinosos, etc.

Sándwich

Por sándwich entendemos un bocadillo, de origen británico, elaborado con pan de molde, que utiliza, al menos, dos rebanadas del mismo y entre ambas se coloca el relleno, que generalmente le da nombre: York y queso, pavo y queso, etc.

Para su clasificación y estudio, podemos utilizar los mismos criterios y variantes definidos para la elaboración de canapés.

- Dadas las grandes variedades en cuanto a su composición, podemos destacar algunos de sus tipos principales:

  — El sándwich mixto: compuesto por dos capas de pan tostadas en plancha con mantequilla, rellenas de jamón York y queso.

  El sándwich vegetal: compuesto por tres capas de pan tostadas en mantequilla, en las que se incorporan lechuga, tomate, cebolla, huevo duro y mayonesa. De manera opcional, también jamón de York y atún en aceite.

  — El sándwich Club: compuesto por tres capas de pan, a las cuales se les incorporan hojas de lechuga, rodajas de tomate, huevo duro y beicon o pechuga de pollo fileteada, acompañado de mayonesa y cortado en cuatro porciones de forma triangular.

- El sándwich de marisco: compuesto de dos capas o tres, de pan de molde tostado con ensaladillas de marisco, lechugas y ciertas hortalizas, pepinillos, etc.

- El *croque-monsieur*: sándwich mixto cortado de forma triangular que se reboza y se fríe en aceite.

  — Sin embargo, su preparación obedece a diferentes razones, o bien a la imaginación del cocinero (presentación del sándwich con abertura para acoger un huevo frito o a la plancha), o bien a que se conciba como aperitivo o plato sustitutivo de una comida.

Sándwiches.

Tartaletas

Se trata de pequeños receptáculos elaboradas con pasta quebrada salada, de forma similar a las quiches, aunque de menor tamaño. Pueden prepararse de diferentes formas y dimensiones: redondas, ovaladas, cuadradas, etc., aunque el modelo más común son las redondas.

- Su relleno también influye en su cocción, si las queremos cocinar con el relleno, una vez forrado el molde con la pasta quebrada y horneada en blanco

Tartaletas.

ligeramente, ese relleno se incorpora, cocinándolo en el horno y dejándolo enfriar después para su servicio, como en el caso de las quiches.

- Los rellenos son variados, como también lo son sus combinaciones, entre las que podemos emplear *mousses* (de marisco, de queso), cremas (de quesos frescos o azules), farsas (de setas), revueltos, ensaladillas (rusa, de marisco, de arroz), pescados (bacalao al pilpil), mariscos (gambas al ajillo, etc.), etc.

Hojaldre

El hojaldre es uno de los elementos más empleados en la elaboración de aperitivos, sobre todo para su elaboración en pequeñas piezas, como son empanadillas, volovanes, napolitanas, *bouches,* etc.

- Como en el caso anterior, los rellenos, dependiendo del tipo de especialidad que vayamos a realizar, se suelen colocar junto con el hojaldre o se incorporarán una vez cocido, al modo de las tartaletas, canapés, etc.

- Podemos elaborar multitud de aperitivos gracias al hojaldre. Su versatilidad y facilidad de moldeado le convierten en un receptáculo idóneo para la presentación de distintas elaboraciones, en distintas formas y técnicas (horneado previo o una vez relleno, montaje sobre planchas, etc.).

Hojaldres.

Lionesas y profiteroles

Estas piezas se obtienen a partir de pasta *choux.* Su denominación difiere en cuanto a si se emplean rellenándolas una vez cocidas de múltiples formas.

• Suelen aparecer rellenas de distintas farsas, budines triturados, ensaladillas y *mousses,* aunque también pueden emplearse en cocina dulce.

Profiteroles con salmón.

Mediasnoches y brioches

Se trata de pequeños bollos de forma redonda obtenidos de masa de bollería fermentada.

• Una vez cocidos, se rellenan, cuando están fríos, con distintas variantes de géneros: jamón y queso, ensaladillas de marisco, atún y mayonesa o tomate, hamburguesas de pequeño tamaño (minihamburguesas), etc.

Minibrioches de ensaladilla de marisco.

Caviar

El caviar se obtiene de las huevas de esturión. Se trata de uno de los alimentos más prestigiosos y caros del mundo, y existen numerosos tipos y calidades.

- Para su servicio, se dispone sobre su propio envase sobre hielo picado, dejando la tapa del envase al lado, para que el cliente pueda comprobar su autenticidad. También se puede servir sobre moldes de hielo.

- Se acompaña de Melbas calientes o blinis (aunque se recomienda cucharilla de nácar y no de acero para que nada intervenga en su sabor), rodajas de limón y guarnición mimosa bien picada.

- Debido a su alto precio y su escasez, su uso ha sido sustituido por el empleo de huevas más económicas, como son las de salmón y trucha, las de arenque y las de mújol, aunque en estos casos, más que como aperitivo principal, suelen emplearse como decoración o interviniendo en otras elaboraciones (ensaladas, revueltos, etc.).

Blinis con caviar.

Fuagrás

- Generalmente es de pato, rara vez de oca (mayor precio). Su calidad depende del tipo de elaboración, ya que puede ser:

  — En crudo: el hígado de pato u oca crudo, laminado y terminado en plancha para su servicio sobre tosta, Melba o blini.

  — *Micuit:* el hígado limpio, desnervado, macerado, moldeado y semicocido en horno de vapor o al vacío, y pasteurizado por abatimiento de temperatura. Puede servirse en la propia terrina donde fue elaborado, o bien sobre tosta, pudiendo ser abrillantado con gelatina.

— Paté de fuagrás: se trata de una calidad más baja, donde el fuagrás se mezcla con grasa de pato, tomando consistencia untuosa, fácilmente moldeable sobre tosta o canapé, y pudiendo abrillantarse con gelatina, ser salseado con un *chutney* o con una reducción de vinos olorosos.

• En cualquier caso debe servirse acompañado de tostas calientes, o bien sobre cucharilla japonesa, con reducciones de Pedro Ximénez, compotas de frutas dulces o *chutneys* agridulces.

Entremeses y aperitivos calientes

Los entremeses y aperitivos calientes son aquellos que deben estar terminados justo en el momento del servicio o mientras dura este.

En la mayoría de los casos, cuando se trata de un vino español o *lunch,* estas elaboraciones pasan de cocina a sala justo cuando los comensales ya han comenzado a degustar las elaboraciones frías, ya presentadas en mesa.

En otros casos, son utilizados como entradas en menús o como composiciones de un menú degustación, o como oferta completa en vinotecas o gastrobares.

La importancia de estas elaboraciones no está definida solo por la temperatura de servicio, sino también porque en alguna de ellas resultaría poco aconsejable su utilización en caso de que esta no fuese adecuada, como es el caso de un suflé o de una crema de hortalizas.

En el caso de estas elaboraciones es especialmente importante una buena *mise en place,* ya que tienen que ser acabadas y emplatadas al momento, generalmente en grandes cantidades, por el tipo de servicio al que suelen ir dirigidas: *lunchs,* vinos españoles, grupos y eventos, etc.

Fritos	Andaluza	Hortalizas Fiambres Pescados Mariscos Carnes Otros	Aros de cebolla Calamar Fritura andaluza
	Romana		Calamar romana Sándwich *(croque-monsieur)*
	Empanados		Mini San Jacobos, pescado empanado, etc.
	Orly		Gambas, chorizo, queso, etc.
	Buñuelos		Buñuelos de bacalao
	Cromesquis		
	Croquetas		Croquetas de pescado y/o marisco Croquetas variadas (de ave, jamón, etc.)
Pescados	Croquetas		
Mariscos	Salteados con salsa, al ajillo, conchas rellenas, glaseados.		
Huevos	Rellenos, revueltos, en ensaladillas, etc.		
Tartaletas	Con rellenos calientes, como revueltos, salteados, etc.		
Hortalizas	Rellenas, glaseadas, breseadas, confitadas, etc.		
Suflés	De quesos, pescados, mariscos u hortalizas.		
Hojaldres	En empanadas, empanadillas, *bouches,* agujas, tartaletas, etc.		
Pasta *choux*	*Éclairs,* lionesas, coronas.		
Cremas	De hortalizas, de mariscos, de legumbres, servidas en pequeñas porciones y con algún tipo de *bouquet* y guarnición.		

Fritos

Son uno de los aperitivos más utilizados, debido a la gran variedad de formas de freír, las diferentes protecciones y los ingredientes que podemos emplear. Podemos freír hortalizas (coliflor, zanahoria o espárragos en tempura), fiambres (York o chorizo en orly), pescados (a la andaluza, en harina de garbanzo), mariscos (empanados), carnes (rebozadas) y otras preparaciones, como buñuelos, fritos con distintas masas, frutos secos o harinas, croquetas, etc.

- Se pueden clasificar según su forma de preelaboración y elaboración entre:

  — **Fritos a la andaluza:** consiste en el enharinado previo a la fritura del género (con harina de trigo o garbanzo, retirando el exceso de esta y friendo en aceite bien caliente), se trata de una técnica muy adecuada para pescados pequeños o piezas de otros.

  — **Fritos a la romana:** en este caso, se pasa el ingrediente por harina y huevo para freír a continuación (fritos de bacalao, merluza o rape).

  — **Empanados:** en los fritos con empanado, se pasa el alimento por harina, huevo y pan rallado, siguiendo este orden. Podemos encontrar variaciones, sobre todo en el tipo de pan que se va a emplear y su condimentación, ya que puede ser pan duro rallado, pan fresco, mezcla de pan y galletas, adicionando queso rallado, ajo, perejil, hierbas, etc., frutos secos como almendras, avellanas o pistachos, e incluso ajonjolí.

  — **Orly:** consiste en pasar el ingrediente por una masa de fritura, pudiendo elaborar diferentes tipos. Los elementos que no varían en su composición son una parte de harina, bien sea de trigo o harinas ya preparadas para freír, por otra, un elemento líquido, que podrá servir además como fermento de la pasta, generalmente una bebida carbonatada, como agua con gas, cerveza, gaseosa o soda.

  En el caso de emplear agua, se utiliza además levadura y por último un sazonamiento (sal) y aromas (perejil, pimentón, curri, etc.), variando desde el zumo de limón a hierbas frescas y condimentos diversos según el gusto. Además, si queremos preparar una pasta de freír fina, podemos adicionarle clara de huevo montada a punto de nieve a la masa inicial, dándole mayor volumen.

  — **Otras masas de fritura:** como la tempura o el panko. En el primer caso se trata de una elaboración tradicional japonesa, en la que la harina se mezcla con agua muy fría, pasando por ella los géneros que se desea freír a la gran fritura (pescados en *goujons,* gambas y/o langostinos, hortalizas en juliana, espárragos trigueros, etc.). En el segundo caso se sigue un procedimiento similar, también es una harina de arroz en escamas de origen japonés, pero que le da al alimento una textura exterior mucho más crujiente.

Dentro de este apartado, nos podemos encontrar con otras masas de fritura secas, como pueden ser la brick o la filo, se trata de masas, muy finas y flexibles, con las que se pueden formar paquetitos de tamaño variado, sellados mediante el empleo de agua, como pueden ser:

– Bocaditos de morcilla

– Masas a base de carnes, pescados o mariscos picados

– Hortalizas variadas picadas

– Reducciones de queso

– Incluso la unión de varias

— **Buñuelos:** cuando se habla de buñuelos, hacemos referencia a los fritos de diversos ingredientes pasados por una pasta o la mezcla de diferentes pastas.

Estos buñuelos pueden ser géneros individuales (bacalao, gamba, etc.) o farsas fritas posteriormente, como es el caso de las albóndigas de hortalizas.

Como elemento base de los buñuelos solemos utilizar la pasta *choux*, y sobre esta se puede pasar el ingrediente a modo de cobertura y freírlo (gambas, buñuelos de queso o de chorizo, etc.), o bien mezclar la pasta *choux* con otra farsa o elemento tamizado, como es el caso de los buñuelos de bacalao, elaborados tras mezclar la pasta *choux* con bacalao prácticamente hecho puré o brandada.

— *Cromesquis:* pueden definirse como aperitivos que se encuentran a medio camino entre los buñuelos y las croquetas.

Estas elaboraciones se basan en farsas aglutinadas mediante diferentes procedimientos, que pueden rebozarse, empanarse o pasarse por masas de fritura y terminar en aceite. Se pueden elaborar de tres formas diferentes:

– A la francesa: partiendo de una farsa de croquetas, bien sean de carne, marisco, pescado, hortalizas o fiambres, se preparan unas porciones de unos 25 g aproximadamente, pasados por pasta de freír (orly, *choux,* etc.) y fritos.

– A la polonesa: envolviendo esa pasta de croquetas en crepes salados, pasando los extremos por pastas o masas de freír y procediendo de la misma manera que en el caso anterior.

– A la rusa: envolviendo la farsa dentro de redaño de cordero, pasando a continuación por pasta orly y friéndola después, de manera similar (sin la masa) a los *figatells* de las Islas Baleares.

— **Croquetas:** las croquetas se obtienen a partir de una farsa elaborada con un *roux,* un sofrito (opcional) y un elemento líquido, que por regla general es leche, pudiendo haber combinaciones de leche y fondo, fondo y nata, leche y nata, e incluso únicamente nata (entrando a veces en combinación con gelatinas o diversos elementos texturizantes para dar lugar a las croquetas «líquidas»).

Suelen partir de una bechamel, que aglutina una farsa; una vez cocida esa bechamel (elaborada a partir de un *roux* de 100×100 o 120×120, en función de la dureza requerida), se deja enfriar y se corta. Una vez cortadas las croquetas, se les da forma, se empanan y se fríen. Su forma y tamaño podrán variar según la aplicación y el uso como aperitivo o como plato principal: alargadas, redondas, rectangulares, etc.

Podemos encontrar distintas alternativas en su elaboración:

– Desde el propio relleno, que les da nombre: jamón, ave, bacalao, etc.

– Al uso o no de mantequillas compuestas en su elaboración: mantequilla de crustáceos para unas croquetas de gamba, por ejemplo.

– El uso de diversos empanados, pudiendo sustituir el pan rallado, esté enriquecido o no con queso, ajo, perejil, etc., por granillo o filete de almendra, de pistacho, de maíz, etc.

– O el uso de gelatinas y/o texturizantes (agar-agar) para bajar la proporción del *roux* empleado, dándole a la croqueta una textura semilíquida tras la fritura; es un procedimiento muy habitual en las croquetas de quesos.

Croquetas.

Pescados

El uso de pescados como aperitivos calientes se está generalizando gracias al aumento de la oferta de *catering* para la confección y servicio de vinos españoles, recepciones o eventos especiales.

- Pequeñas piezas o cortes generalmente de aprovechamiento, que podrán elaborarse gratinados, glaseados, salteados con o sin salsa y que se servirán utilizando algún otro elemento empleado en este tipo de elaboraciones como pueden ser tartaletas, volovanes o conchas.

- También se pueden preparar pequeñas brochetas de diferentes pescados, alternando colores y sabores, además de poder realizar brochetitas mixtas, mezclando pescado, marisco, carne, fiambres, frutas, etc., para elaborarlos en plancha, parrilla e incluso fritos con o sin empanado.

Mariscos

- Pueden presentarse hervidos, con zumo de limón (mejillones y almejas) o salsas como la vinagreta (pulpo, mejillones, langostinos, etc.).

- Los cefalópodos como el pulpo, en pequeñas porciones, frías o calientes, en cucharilla japonesa o brocheta.

- Los moluscos bivalvos, como los mejillones o las vieiras son apropiados para prepararlos en su propia concha, glaseados o gratinados según el tipo de salsa e ingredientes empleados, pudiendo ser mezclados con otros como verduras, frutas o pescados. Como ejemplo, se pueden citar las vieiras glaseadas, o los mejillones con salsa holandesa, e incluso, glaseados con su propio jugo como el pulpo.

- Las salsas más empleadas para el glaseado son la holandesa y sus derivadas (especialmente la nantua y la muselina), la bechamel y sus derivadas (soubise y mornay), así como alguna *velouté* enriquecida con un sabayón (yema y nata líquida semimontadas).

- Los mariscos, en estas preparaciones, pueden elaborarse también fritos, enharinados como los calamares a la romana, o protegidos con masas de fritura como la tempura (langostinos), la orly (gambas a la gabardina), empanados (como los mejillones tigre, a partir de una farsa de su carne junto con cebolla y bechamel).

- También pueden presentarse salteados, con o sin salsa, y servidos igual que los pescados elaborados de la misma forma (gambas al ajillo, chipirones encebollados, etc.).

- Pueden realizarse a la plancha (gambas, pulpo, mejillones, chipirones, almejas), o en pequeñas brochetas, mixtas o no, elaboradas de diferentes formas y variantes.

Brochetas de chipirón a la plancha.

Huevos

- Los huevos pueden emplearse en aperitivos fríos o calientes con diferentes terminaciones: cocidos, revueltos, tortillas, escalfados, fritos, etc.

- Se pueden emplear cocidos, rellenos o no, glaseados con mornay sobre costrón de pan frito; a la mimosa, en ensaladillas con otros ingredientes, etc.

- Escalfados sin cáscara y glaseados, o descascados, moldeados con papel film en compañía de otros géneros.

- En semicoagulación, montados al baño maría y añadiendo en el último momento elementos sabóricos como huevas de pescados, condimentos, etc.

- Revueltos aplicando diferentes recetas, servidos sobre canapés, tostas, montaditos, volovanes, tartaletas o cucharillas japonesas.

- En tortillas (española, paisana, francesa, enrolladas, etc.) o en crepes, albergando en su interior diferentes farsas de relleno.

- En el caso de emplear huevos de codorniz, también se preparan fritos o pochados, con terminaciones similares a los de gallina.

Huevos rellenos.

Tartaletas

Las tartaletas son pequeñas preparaciones elaboradas en moldes cóncavos, elaboradas generalmente con hojaldre o pasta quebrada, cocidas con el ingrediente o ingredientes principales, como es el caso de la quiche, o cocidas en

Tartaletas de ensaladilla rusa.

blanco y rellenas después con farsas frías o calientes (hortalizas, ensaladillas, revueltos, etc.) en el momento del servicio.

- Las más conocidas son las quiches y miniquiches, elaboradas con una mezcla de huevos y nata líquida o mezcla de nata y leche junto con huevo, a la cual se adicionan unos ingredientes que le dan nombre, como es el caso de la quiche Lorraine (compuesta por queso gruyer y beicon en láminas finas) o la alsaciana (cebolla pochada en mantequilla).

- Tartaletas con nombre propio:

  — Rusa: rellenas de ensaladilla rusa.

  — De marisco: rellenas de ensaladillas de marisco.

  — Diana: rellenas de escalopines de perdiz y láminas de trufa, salsa de caza y horneados.

  — Noruega: rellena de salmón ahumado y eneldo en revuelto.

  — Joinville: rellenas de langostinos, ostras, trufa y salsa joinville.

Hortalizas

- Las hortalizas como aperitivo pueden utilizarse o bien aislados, o en unión de otros: fritas, salteadas, rellenas, asadas, a la plancha, etc.

- Es común el uso de hortalizas a la plancha como aperitivo, como pudieran ser champiñones, setas, espárragos trigueros, pimientos, cebollas o zanahorias en pequeños cortes, etc.

- Si nos referimos a salteados, podemos encontrarnos con los champiñones al ajillo o las setas salteadas.

- En el caso de la fritura, nos encontramos con tempuras de hortalizas variadas, aros de cebolla fritos, hortalizas en orly, etc.

- Para su relleno, se utilizan en este caso pequeñas piezas, como tomates, berenjenas y calabacines en pequeños cortes, pimientos de piquillo, cebollitas, etc., utilizando diferentes rellenos y farsas, carnes, pescados, mariscos, vegetales, pudiendo ir o no salseados, gratinados y glaseados.

Suflés

Los suflés son elaboraciones culinarias realizadas a partir de una salsa bechamel espesa, a la que se añade un puré del elemento o elementos que darán nombre al plato; estos se refinan con yemas de huevo y, por último, se le incorpora la clara de huevo montada a punto de nieve, horneándolos después a alta temperatura.

- Son aperitivos difíciles de servir, puesto que requieren una total compenetración entre cocina y sala para poder presentarlo inmediatamente tras la salida del horno, ya que el reposo hace que bajen, estropeando la apariencia esponjosa de la elaboración.

- Como receta base se utilizan, para un litro de bechamel espesa, seis yemas de huevo y ocho claras montadas. El puré del elemento principal irá en función de la intensidad sabórica de este y de su consistencia. No es lo mismo preparar un suflé de queso roquefort que de espárragos.

- Podemos elaborar suflés a partir de todo tipo de productos; carnes, pescados, mariscos, verduras e incluso mezcla de estos.

- Suflés con nombre propio:

    — Alexandra: suflé de jamón adicionado de queso rallado y trufas picadas; alternando entre medias puntas de espárragos.

    — Al queso: con parmesano, manchego, emmental, etc., mezclando antes el queso rallado que las claras.

    — De gambas: añadiendo a la fórmula base ¼ kg de mantequilla de gambas.

    — Florentina: mezclando a partes iguales bechamel espesa y puré de espinacas muy escurrido, enriqueciendo con queso rallado y pimienta.

    — Aurora: incorporando 200 g de pulpa de tomate tamizada a la receta base y aromas como albahaca y orégano.

Suflé de hortalizas.

Hojaldres

- Servidos tanto fríos como calientes, los hojaldres son una variedad muy empleada en este tipo de servicios, puesto que nos permiten aplicar todo tipo de ingredientes, rellenos y farsas, realizándolos de diferentes formas y tamaños.

Hojaldres de queso azul.

- Los más empleados son las napolitanas, empanadillas, empanadas, *petits patés, bouches, dartois, croustades,* palitos parmesanos, etc.

- Pueden presentarse como base de revueltos, en forma de tartaleta (con rellenos a base de ensaladillas u hortalizas), en volován (con rellenos a base de cremas), rellenos, etc.

Pasta *choux*

- Podemos utilizar la pasta *choux* caliente (tanto en su elaboración frita en forma de buñuelos) como en su cocción en el horno con formas diversas, como son los *éclairs,* las lionesas, las coronas; rellenas de diferentes ingredientes, bien sean carnes, pescados, mariscos o revueltos, cremas y farsas varias.

- Se debe tener la precaución de rellenarlos siempre a última hora para que no se ablanden las piezas.

- Se puede utilizar también mezclando la masa como aglutinante de otros géneros o farsas (buñuelos de bacalao, de pescado, de hortalizas, etc.).

Petit choux rellenos.

Cremas

- Entendemos por crema toda elaboración líquida ligada por legumbre, *roux,* fécula de patata o almidón, que se asocia con un fondo y otros ingredientes, que le dan sabor y denominación.

- Hoy en día existe una tendencia a crear aperitivos a base de cremas; no en vano, el formato actual de *catering* y *lunchs* concibe este servicio como una comida completa, basada en la micrococina.

- Generalmente, en este tipo de servicios, se opta por presentaciones de cremas en pequeño formato, guarnecidas con elementos del género principal (en crujientes, picados, espumas, etc.), pudiendo alternarse tanto elaboraciones frías como calientes.

Crema *vichysoisse* con crujiente de jamón.

ENTREMESES Y APERITIVOS POR SU SERVICIO Y PRESENTACIÓN

En función del tipo de servicio y presentación que se elija para la degustación de estos entremeses, aperitivos, pinchos, tapas o elaboraciones de micrococina, podemos distinguir entre:

Entremeses y aperitivos servidos en carro

Este tipo de servicio, hoy en desuso, permite ofrecer estos entremeses o aperitivos sobre un carro especial llamado carro de entremeses (similar al de postres).

Se utilizaba para presentar los entremeses fríos al cliente, al modo de servicio de bufé. El cliente decide qué va a tomar, dada la variedad de bandejas que suele incorporar este carro, ofreciendo al comensal opciones variadas entre las que elegir.

Entremeses y aperitivos montados

En este caso, se hace referencia a entremeses y aperitivos variados, de gran calidad, y servidos en bandejas o platos con presentaciones muy cuidadas; por norma general, estas elaboraciones son frías.

Entremeses y aperitivos en plato

Estas elaboraciones se sirven como plato individual, debiendo ser compuestas y/o mixtas, tanto frías como calientes.

Generalmente alternan frituras diversas y embutidos, aunque también platos compuestos que combinan ensaladas o ensaladillas con elaboraciones calientes (brochetas a la plancha, cremas, etc.). Suelen servirse como entremés de banquetes.

Entremeses y aperitivos de autor

Son aquellos que son montados en el bufé y que por regla general suelen ir abrillantados, chaufrutados, sobre gelatina o con decoraciones imaginativas.

Pueden emplear nuevas técnicas, como esferificaciones, espumas o aires. Se trata sin duda de la vertiente más creativa dentro de este apartado.

PINCHOS Y TAPAS

Hoy en día debemos diferenciar claramente entre los pinchos tradicionales (sencillos, normales y de variada factura) y lo que se ha querido llamar «alta cocina en miniatura», que son pinchos (en muchos casos una ración) en los que a veces hay una mezcla de cinco o diez ingredientes, y que pertenecen más bien a la introducción de la «cocina de autor» en el mundo de los establecimientos que tradicionalmente ofertan un *take away*.

Se trata, en efecto, de elaboraciones muy cuidadas, en cuanto a técnica y presentación; generalmente muy elaboradas, con salsas, flores, distintas texturas y condimentos exóticos.

Pero aparte de esta clara diferencia, se deben dejar claras las fronteras entre lo que se denomina pincho, tapa o ración.

Pincho

Es una pequeña rebanada de pan sobre la que se coloca una pequeña ración de comida. Recibe su nombre porque tradicionalmente se sujetaba la comida al pan con un palillo, aunque no se trate de algo obligatorio.

Actualmente, muchos se presentan sin el pan, sobre todo los que se engloban en la denominada «cocina en miniatura» y el pan se sirve aparte, suelen ser más elaborados, presentados en plato, como platos en miniatura y salseados con diferentes jugos y *coulis*.

El pincho suele considerarse como plato típico de la gastronomía vasca (sin embargo, esa concepción existía también en el resto de España) que se suele tomar como aperitivo acompañado normalmente de un vaso de vino o de cerveza.

Hoy en día es muy común en los bares y tabernas del País Vasco, Cantabria, Navarra, La Rioja y en zonas de la provincia de Burgos, Valladolid, Aragón, etc.

Los ingredientes que se colocan sobre esta rebanada de pan son los más habituales en la cocina de cada región: pescados (especialmente merluza, bacalao, anchoas, gulas o salmón), tortilla de patata, pimientos con diversos rellenos, croquetas de distintos productos, morcillas, encurtidos y salazones, buñuelos, etc.

Tapa

Antiguamente se le llamaba tapa a un aperitivo que se servía en un bar o restaurante acompañando a la bebida, generalmente sin ningún coste económico adicional.

La forma habitual de consumirla es tomando una o dos tapas por local, junto con la consumición (con cada bebida una tapa) y luego cambiar de local, donde se repite el proceso. A este consumo itinerante (local, consumición y nuevo local) se le llama tapeo, o ir de tapas. Se trata de una costumbre muy arraigada en Madrid, Sevilla o Granada.

La diferencia con el pincho radica en que la tapa, generalmente, es de mayor tamaño, servida en tapa o cazuela y en ocasiones concebida como una elaboración de micrococina.

En la actualidad solo en algunas regiones o ciudades de España se puede ir de tapeo de esta manera; en Extremadura, Castilla y León, Andalucía, Madrid, etc., es bastante habitual que el público coma o cene mediante el tapeo.

Sin embargo, la moda de ir de tapas o pinchos, con la mejora en la calidad de los mismos, en su producto y en su elaboración, ha ido encaminando esta costumbre al ostracismo. Cada vez más, el público permanece en un único bar y solicita raciones (que es lo mismo, pero en mayor cantidad), pero en esta ocasión, mediante el pago de las mismas.

La mayor de las diferencias entre pincho y tapa, aparte de su tamaño, es que la tapa necesita de utensilios para poder consumirse.

Tostas

La tosta (o sándwich abierto, también llamado *tartine*) es un tipo de sándwich que tiene uno de sus extremos abierto, es decir, que se elabora solo con una rebanada de pan en lugar de las dos (o más) que se emplean en los sándwiches cerrados.

El contenido de este sándwich suele disponerse sobre la parte superior. El pan empleado suele tener mayor consistencia (chapata, de centeno, pan payés, etc.), para que pueda ser manipulado, tostado y ofrezca mayor resistencia durante el periodo de degustación de la oferta.

Existen muchas variantes de tostas a lo largo de las diversas culturas gastronómicas del mundo, abundando los ingredientes que les dan nombre, así como las salsas y las guarniciones empleadas.

En la mayoría de los casos, se trata de una mezcla de un elemento proteico (carne, pescado, huevo o queso, o la suma de ellos) con alguna hortaliza (fresca o encurtida). Pueden elaborarse dulces o saladas, e incluso con mezclas de ambos sabores; de pescado y carne, en forma de mar y montaña, etc. Sin duda, este tipo de elaboraciones está totalmente abierto a la imaginación de cada cocinero.

En algunos países del norte de Europa, las tostas son consideradas elementos típicos del desayuno (quizás motivado por la diferencia de hábitos alimenticios respecto a los países del sur).

En Estados Unidos, la *tongue coast* suele servirse en el desayuno o como entremés de una comida.

En la cocina española nos encontramos con el montadito andaluz, y algunas recetas como el *pa amb tomàquet* catalán, que admite sobre el mismo salazones como jamón, cecina, quesos, etc. Es común encontrarse en los bares españoles tapas consistentes en tostas diminutas o minitostas a modo de degustación.

Las tostas o sándwiches abiertos más conocidos internacionalmente son los escandinavos, que consisten en una pieza de pan, a menudo de centeno, que se cubre con fiambres diversos, gambas, salmón ahumado, caviar, huevo duro, panceta, arenque, bacalao en salazón, paté de hígado y pequeñas albóndigas.

En España son comunes las tostas a base de embutidos y quesos autóctonos. Generalmente, su preparación implica el tostado del pan, su regado con aceite, o aceite, ajo y tomate, y su terminación con embutidos o quesos (o la mezcla de estos), carnes, pescados o revueltos.

PLATOS COMBINADOS

Como ya hemos visto, los platos combinados son preparaciones idóneas para el servicio de un menú rápido, entre cuyas ventajas se cuentan el ahorro de personal y de tiempos en el servicio, ofreciendo además al cliente la posibilidad de degustar un menú completo (a un precio más asequible), equilibrado desde el punto de vista nutricional y estéticamente vistoso.

Se suelen basar en la combinación de elementos proteicos (carne, pescado o huevos), guarniciones a base elementos ricos en hidratos de carbono (pasta, arroz o patata) y elementos reguladores como hortalizas (asadas, en ensaladas, breseadas, etc.).

Se trata de una oferta propia de bares, cafeterías y *snack-bar* con gran volumen de público (centros comerciales, estaciones, hospitales, etc.).

MAPA CONCEPTUAL

1.2. Tipos y técnicas básicas

En este apartado estudiaremos las técnicas y procesos básicos que nos llevan a la obtención de elaboraciones que pueden ser empleadas como aperitivos, entremeses o platos combinados, ya sea de forma aislada o en combinaciones.

Se estudiarán aquí los procesos de marinado, de encurtido, de realizaciones de ensaladas, escabeches, etc., que pueden presentarse en pequeñas porciones, como aperitivos o micrococina o bien en platos combinados.

ESCABECHE

Se trata de un caldo realizado para la conservación de carnes y aves, y que al mismo tiempo complementa y da sabor a la elaboración. Llamamos escabeche al caldo y al producto obtenido. El método para preparar un alimento en escabeche es similar al marinado, pero en esta ocasión interviene el calor.

La técnica consiste básicamente en un caldo elaborado con vinagre, hortalizas pochadas en aceite, vino, laurel y pimienta en grano; opcionalmente se emplean también especias como clavo y pimentón. Su origen se encuentra en la cocina árabe.

La conservación responde a tres aspectos:

- Uso del calor: un alimento cocinado es menos perecedero que uno crudo.
- Alteración del pH del género sumergido en el escabeche gracias al uso del vinagre y vino.
- El empleo de hortalizas y condimentos con valor antiséptico (cebolla, pimienta, pimentón).

Escabeche

Ingredientes:
- 50 g de zanahoria
- 50 g de cebolla
- 50 g de pimiento
- 2 dientes de ajo
- Perejil, tomillo, clavo, laurel y pimienta en grano
- 0,25 l de vino blanco
- 0,5 l de vinagre
- 1 dl de aceite

Elaboración:
- Se pican las hortalizas en juliana y el ajo en láminas. Se pochan las hortalizas en el aceite.
- Se añaden el vino y el vinagre al pochado; se agregan las especias y se cuece durante cinco minutos.
- Una vez preparado este caldo, se adiciona el género a escabechar cocinado; se cubre, se deja enfriar y se mantiene un mínimo de 48 horas antes de consumir.

Es frecuente encontrar escabeches de géneros de caza (perdiz) y de pescados azules, más consistentes y resistentes a la acción del vinagre (atún, trucha, sardina, etc).

El escabeche prolonga la vida de estos alimentos, en combinación con los procesos de frío.

En micrococina y elaboración de aperitivos fríos, nos podemos encontrar con escabeches de mariscos, pescados, caza, etc.

Pescado en escabeche.

SALMUERAS

La salmuera es otro caldo utilizado en la conservación de carnes y hortalizas, existen dos modalidades en seco o solución salina. Como el escabeche, ambas son métodos de conservación, que al mismo tiempo funcionan como elemento culinario, empleada con hortalizas, carnes y pescados.

Se basa en altas concentraciones de sal, inhabilitando el desarrollo de los microorganismos.

Se distingue entre salmuera seca y salmuera líquida:

- La salmuera seca: se inicia frotando el género con sal que contiene cloruro sódico, nitrato potásico y sacarosa, seguidamente se cubre de sal marina y se dispone el género en lugar seco un tiempo variable, en función del resultado que queramos obtener. Pasado este tiempo, se lava la pieza bajo el chorro de agua fría y ya está lista para su uso.

- La salmuera líquida: concentración de sal en agua entre un 8 y un 11 %. Puede complementarse con azúcar, vinagre y ciertas especias y condimentos. Generalmente va asociada a la fermentación del alimento sumergido en el caldo (pepinillos). La proporción generalizada suele ser de 1 litro de agua, 20 g de sal y de 1 a 3 g de ácido cítrico o zumo de limón.

  Su elaboración se realiza hirviendo el agua con la sal durante 2 minutos y añadir el zumo, posteriormente utilizar como relleno.

Salmuera seca para pescados (salmón marinado)

Ingredientes:

- 1 lomo de salmón de 1 kg
- 900 g de sal gruesa
- 300 g de azúcar
- 4 bayas de enebro
- Eneldo fresco

Elaboración:

- Limpiar el lomo de salmón; retirar las partes grasas y las espinas.
- Disponer en el mortero las bayas de enebro y el eneldo; añadir 100 g de azúcar y majar.
- Mezclar el contenido del mortero con el resto del azúcar y la sal.
- Frotar con la mezcla el lomo de salmón.
- Disponer el pescado, con la piel hacia abajo en un recipiente de material inalterable.
- Cubrir con la salmuera y dejar macerar en frío durante 24-48 horas.
- Transcurrido ese tiempo, retirar de la salmuera, lavar con agua fría y secar el pescado.

Salmuera líquida (pepinillos en vinagre)

Ingredientes:

- ½ kg de pepinillos pequeños y firmes
- Sal gruesa
- 8 granos de pimienta
- 3 clavos
- 4 ramitas de estragón
- ½ l de vinagre fuerte

Elaboración:

- Lavar y cepillar los pepinillos. Secarlos.
- Ponerlos en una terrina cubiertos con sal gruesa y dejarlos en maceración durante 24 horas.
- Pasado este tiempo, escurrir el agua que han soltado, enjuagarlos bien y secarlos con un paño limpio.
- Colocarlos en los tarros, previamente esterilizados, intercalando la pimienta, los clavos y las ramitas de estragón.
- Verter el vinagre sobre ellos procurando que queden bien cubiertos.
- Tapar herméticamente o envasar al vacío y macerar durante tres meses para su consumo manteniéndolos en frío.

Estas salmueras suelen emplearse en preparaciones de canapés, ensaladillas o cucharillas (salmón, atún, pescados diversos, etc.), o en salsas como la tártara y canapés (pepinillos en vinagre). El género absorbe la sal, que actúa como conservante. Nos encontramos variantes, como las alcaparras o aceitunas en salmuera que emplean una solución de sal en agua.

Pepinillos en vinagre (salmuera líquida).

ADOBOS

Los adobos son caldos o elementos de condimentación que se utilizan para conservar, aromatizar y reforzar carnes y pescados. Su composición básica es: aceite, ajo y perejil, en proporciones variables, que los hagan más o menos líquidos.

En algunas ocasiones, pueden complementarse con otras especias o hierbas aromáticas (pimienta, enebro, curri), e incluso con algún líquido alcohólico.

Los adobos se aplican a géneros crudos, se confeccionan en crudo y no se mantendrán más de 48 horas; en las piezas pequeñas se pueden utilizar al cabo de media hora.

Podemos distinguir entre los adobos claros, utilizados para carnes blancas (pollo, cordero) y pescados, y los adobos oscuros, utilizados generalmente para carnes de cerdo.

Adobo claro para cordero

Ingredientes:	• 0,25 l de vino blanco
• 4 dientes de ajo	• 1 dl de aceite
• Perejil y tomillo	• Sal

Elaboración:

- Pelar los dientes de ajo.
- Introducir en el mortero junto con el perejil, el tomillo y la sal.
- Añadir el vino blanco y majar.
- Añadir el aceite.
- Cubrir las piezas de carne con el adobo, frotándolas para que lo vaya absorbiendo.
- Dejar reposar en el adobo, y en frío durante 24 horas, hasta su uso.

Adobo oscuro para cerdo

Ingredientes:	• 0,25 l de vino blanco
• 4 dientes de ajo	• 1 dl de aceite
• Perejil y orégano	• Sal
• Pimentón	

Elaboración:

- Pelar los dientes de ajo.
- Introducir en mortero junto con el perejil, el orégano y la sal.
- Añadir el vino blanco y el pimentón. Majar.
- Añadir el aceite.
- Cubrir las piezas de carne con el adobo, frotándolas para que lo vaya absorbiendo.
- Dejar reposar en el adobo, y en frío durante 24 horas, hasta su uso.

Como ya se ha visto en el caso de la marinada, el adobo complementa el sabor del alimento, al mismo tiempo que (gracias al empleo de elementos con valor antiséptico, como el ajo, el pimentón y en algunos casos la pimienta), le hace un poco menos perecedero. Sin embargo, a diferencia de las marinadas, estos no ablandan los géneros adobados.

Suelen utilizarse con carnes o pescados en pequeños cortes, para su confección en brochetas o frituras.

Las combinaciones de especias y hierbas aromáticas son numerosas, y en muchos casos quedan al gusto del cocinero.

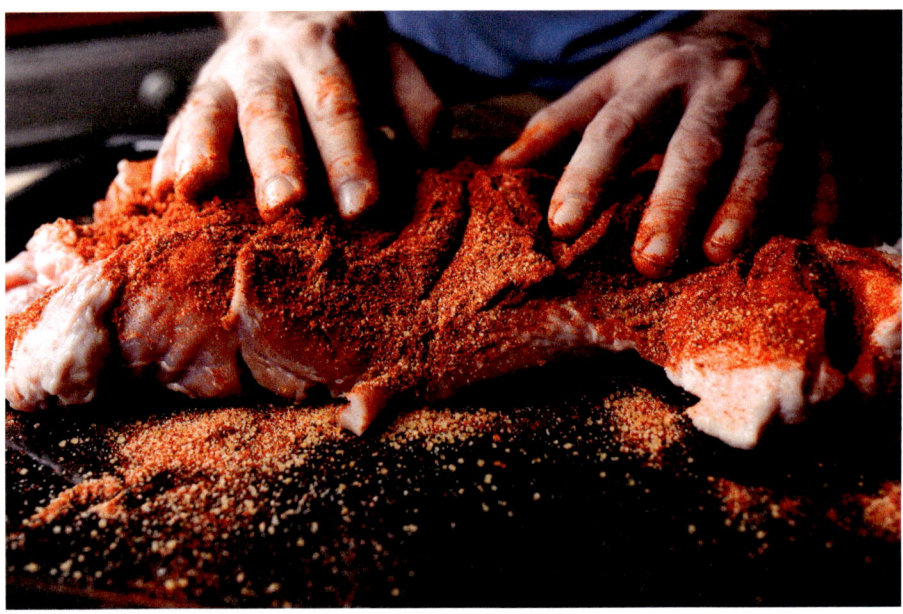

CONSOMÉS

Los consomés son fondos (blancos u oscuros) concentrados, clarificados, desgrasados y sazonados, que generalmente se sirven como elaboración independiente. Su aspecto debe ser transparente (mediante clarificado), untuoso y de sabor muy sabroso gracias a la reducción (concentración de sabores). A veces se realizan cociendo fondos en otros fondos, como es el caso del consomé doble.

Se puede presentar sin condimentar o condimentado con diferentes especias o hierbas aromáticas. Se suele acompañar con guarnición de pasta, arroz o huevo; e incluso servir frío, como el consomé *gelée*, realizado a partir de (o reforzado con) géneros muy gelatinosos.

Su diferenciación y personalidad incluye dos aspectos:

- Se pueden elaborar con diferentes elementos principales (ternera, ave o caza).
- La guarnición u aroma que le acompañe y defina (jerez, oporto, diferentes especias, etc.).

Tal como se ha indicado anteriormente, la técnica que da al consomé su apariencia transparente es la clarificación. Su proceso es sencillo: partiendo de un
fondo, añadimos proteínas contenidas en la clara de huevo, la sangre o carne
magra; las cuales, mediante el calentamiento lento, coagulan poco a poco, atra-
pando entre sí las impurezas procedentes de la cocción (cenizas de hortalizas,
proteínas coaguladas, etc.). Al mismo tiempo, la clarificación refuerza el sabor
del consomé, ya que se realiza con carne magra (de ternera o de ave). El proceso para clarificar un fondo es el siguiente:

Consomé

Ingredientes:	• Guarnición aromática:
• 1 l de fondo	- 50 g de blanco de puerro
• Elementos de clarificación:	- 50 g de zanahorias
- 200 g de carne magra	- 50 g de cebollas
- 1 clara de huevo	- Perejil

Elaboración:

- Preparar la carne:
  - Retirar la grasa y los nervios.
  - Picar muy finamente con la picadora de carne.
- Preparar la guarnición aromática:
  - Pelar y lavar las hortalizas.
  - Cortarlas en *brunoise*.
- Proceder a la clarificación:
  - El fondo debe estar frío, totalmente desgrasado y reposado (las im-
    purezas estarán depositadas en la parte inferior de la marmita por el
    reposo).
  - Montar la clara de huevo a punto de nieve.
  - Añadir las hortalizas y la carne al fondo.
  - Cubrir la parte superior del fondo con la clara de huevo montada.
  - Llevar a ebullición muy lentamente para que las partículas de la par-
    te inferior vayan quedando atrapadas por las sustancias que están en
    coagulación (carne y clara).
  - Cocer hasta que la clara de huevo coagule y se ensucie con las impurezas.
  - Pasar por estameña fina para recoger las hortalizas y la clara.

Una vez realizada la clarificación, el consomé se reduce, se sazona, se refuerza si es necesario con gelatina (cola de pescado) y se complementa con la guarnición y los aromas. Como ya se ha mencionado, en función del tipo de guarnición, reducción o aroma, el consomé tendrá una denominación propia.

Consomé.

FRITURAS

La fritura es una técnica de cocinado por concentración, basada en la transformación y elaboración del alimento por inmersión en grasa a alta temperatura (140 °C de los géneros enharinados-180 °C de los géneros impregnados en masas de fritura).

Dentro de esta técnica podemos distinguir numerosas variantes: en función de la cantidad de grasa que utilicemos, en función de que el alimento se impregne en preparados que faciliten el sellado (enharinado, rebozado, empanado o impregnado en masa de fritura como orly o tempura), e incluso en el tipo de grasa utilizada, que influye directamente sobre el sabor.

En cuanto a la cantidad de grasa que se utilice, podemos distinguir entre:

- **Fritura con poca grasa:** se realiza en recipientes poco profundos, en los que la grasa no envuelva por completo el alimento, que generalmente es plano (filetes de ternera, chuletas de cerdo). El género a freír se dora por una de sus caras y se voltea después.

- **Fritura profunda (gran fritura):** se emplea tal nivel de aceite que el alimento queda totalmente sumergido en él. La fritura se produce de modo uniforme por toda la superficie del producto. Este tipo de técnica se usa generalmente con géneros rebozados, empanados o impregnados en alguna masa de fritura para que la cocción sea uniforme en todo momento y los vapores que desprende el género no humedezcan la masa o protección al descubierto.

En función del tipo de grasa que se utilice para la fritura:

- **Fritura internacional:** es la que utiliza grasas vegetales o animales (aceite vegetal, manteca de cerdo, aceites de girasol, de soja, etc.).
- **Fritura española:** en la que se utiliza aceite de oliva.

Las principales características que deben reunir las grasas de fritura es ser neutras, no contener agua, soportar las altas temperaturas y estar convenientemente limpias y filtradas (tras el uso, deben filtrarse y guardarse, evitando mezclar tipos distintos, tapadas para evitar la oxidación y enranciamiento).

Para una correcta fritura, los alimentos cocinados de esta manera deben añadirse poco a poco a la grasa caliente para evitar rápidas bajadas de temperatura, que provocarían una cocción más lenta, mayor impregnación en la grasa y salida de humedad a la misma (haciéndola inadecuada para otros usos), provocando resultados no satisfactorios.

Cuando realizamos esta técnica a la gran fritura, solemos utilizar algún tipo de protección harinosa para evitar que los géneros que se van a freír se impregnen de demasiada grasa, o bien en géneros con alto contenido en humedad para evitar que la pierdan en la fritura, lo que puede provocar que el aceite salte y reducir los usos del mismo. Estas protecciones suelen ser:

- **El enharinado:** para tozos de carne pequeños, pasando por harina de trigo u otras. Proporciona un aspecto exterior crujiente (fritura andaluza), con temperatura de la grasa a 160-180 ºC.
- **El rebozado:** el alimento se impregna con harina y se pasa por huevo. Crea un exterior menos crujiente; empleado sobre todo en fritos de ternera y pollo (escalopines). La temperatura de la grasa estará entre 160 y 180 ºC.
- **El empanado:** el alimento se pasa por harina, por huevo y finalmente por pan rallado. La costra exterior resulta más dura y más efectiva, por lo que es utilizado en escalopes o rellenos con farsas *(cordon bleu)*. La temperatura de fritura oscila entre los 160 y los 180 ºC.

- **El empleo de masas de fritura:** como orly o tempura; en este caso se utiliza para pequeños géneros ricos en humedad. La fritura debe realizarse muy rápidamente, con lo cual la temperatura de fritura aumenta, siendo lo habitual los 180 ºC.

En todos los casos, el paso tras la fritura con protección consiste en retirar el género a un recipiente con papel de cocina para absorber el exceso de grasa.

ASADOS EN PLANCHA O PARRILLA

En este caso, se somete el alimento a la acción del calor directo; no existe, como en el caso del asado al horno, calentamiento por la atmósfera circundante, por esta razón, las piezas deben voltearse, exponiendo sus distintas caras al foco calorífico para producir el sellado y la cocción.

Otra de las diferencias con el asado al horno es que son técnicas adecuadas para piezas pequeñas y tiernas, o bien con alto contenido en grasa para evitar la desecación durante el proceso.

Existen ciertas diferencias entre las tres modalidades:

- **El asado en plancha:** consiste en la exposición directa sobre una plancha de hierro colado o cromo. La cocción es muy agresiva y rápida, por esta razón es adecuada para pequeñas piezas, como filetes o chuletas. En algunos casos, si el alimento contiene suficiente grasa no es necesaria ninguna preparación. Si no es así, los alimentos se untan con algo de grasa antes de proceder a su cocción, evitando que se peguen.

> - **El asado en parrilla:** consiste en la exposición del alimento sobre rejilla metálica regulable, al aire caliente desprendido por brasas, carbón, infrarrojos, resistencias eléctricas o piedra volcánica. La cocción es más lenta que en la plancha; es más adecuada para carnes duras y grasas.
> - **El asado en espetón:** es muy similar al asado en parrilla. Se realiza mediante la acción de brasas o infrarrojos, pero en este caso suele utilizarse para aves y pequeñas piezas de carne, con alto contenido en grasa y muy tiernos. Se clavan en un hierro que se voltea durante la cocción, exponiendo todas sus caras al foco de calor.

En los tres casos debe procederse de manera similar:

> - El primer paso consiste en el sellado rápido del alimento; exponiéndolo a alta temperatura (plancha muy caliente o parrilla cercana a las brasas) por ambas caras, caramelizando los azúcares y coagulando las proteínas del exterior.
> - Cocción más lenta para producir el cocinado interno en una zona menos caliente de la plancha o alejando la parrilla del foco calórico, realizando una cocción más lenta que evite el quemado.
> - Puede realizarse el sellado (marcado) en plancha o parrilla, y terminar la cocción (más suave) en el horno. El sellado es más rápido y transmitimos al alimento sabores y aromas determinados.

Estas técnicas podemos aplicarlas a:

- Hortalizas: espárragos, cebolla, tomate, berenjenas, setas, etc., en parrilladas de verduras o guarniciones. Pueden ser piezas enteras o troceadas; generalmente empapadas en grasa. Comienza con un marcado rápido y cocción más suave posterior.

- Pescados: generalmente se utilizan pescados semigrasos o grasos (besugo, lubina, sardinas); en el caso de utilizar pescados magros, deben untarse con grasa. Tras un sellado rápido a alta temperatura, se regula la intensidad del calor para que la cocción sea más suave (este proceso puede realizarse en el horno). En el caso de que sean piezas o filetes pequeños, la cocción se realiza vuelta y vuelta.

- Aves: enteras o no, tiernas y jugosas o con alto contenido en grasa, como pollo, capón o picantones. Se lleva a cabo una primera cocción a alta temperatura, y después se regula la intensidad del calor, mediante el alejado de la parrilla o el espetón. En el caso de la cocción a la plancha, se utilizan filetes.

- Carnes blancas, en pequeñas piezas: costillar y paletilla de cordero, solomillo de cerdo, etc. Enteros en parrilla o espetón y troceados en plancha.

- Carnes de vacuno: en pequeñas piezas, como entrecot, chuleta o solomillo, costilla, etc. Se utilizan en asados a la parrilla o plancha; no siendo adecuadas para el espetón.

Esta técnica es empleada en la elaboración de pequeñas piezas para su servicio como aperitivos, pinchos o tostas, pero también en el caso de carnes y pescados a la plancha en la elaboración de platos combinados.

GRATINADOS Y GLASEADOS

Gratinado

El gratinado es una técnica por concentración que consiste en dar al alimento una consistencia dorada y crujiente en el exterior, cociéndolo al mismo tiempo, creando una costra superficial mediante la adición de determinados ingredientes. El gratinado puede utilizarse con alimentos en salsa o sin ella, como técnica de terminación o de cocinado.

- **Gratinado como técnica de terminación de elaboraciones:** en el caso de hortalizas al gratén; añadiendo bechamel y/o queso sobre las hortalizas, pan rallado como en el tomate provenzal. Se trata de un gratinado suave, superficial, generalmente realizado en gratinadora o salamandra.

- **Gratinado como técnica de cocinado:** utilizado en la elaboración de pastas italianas, como la lasaña o los canelones. En este caso, el proceso se realiza con géneros acompañados de salsas, en cazuelitas, y el calentamiento es más prolongado y uniforme, siendo adecuada la cocción en el horno, para confeccionar el plato de manera uniforme. El género principal se recubre, como en el caso anterior, de bechamel (o derivadas) y queso rallado.

Esta técnica se utiliza en aperitivos a base de hortalizas, carnes y huevos.

Glaseado

Esta técnica se refiere a dos acciones distintas: en una consiste en la cocción mediante aire caliente del alimento napado con una salsa rica en elementos grasos o yema de huevo; en el segundo, se hace referencia a la acción de dar color a un alimento caramelizándolo o reduciéndolo junto con glasa. En ambos casos, se refiere a dar color al alimento.

- **Glaseado mediante aire caliente:** el alimento se cubre (napa) con una salsa rica en grasa o yema de huevo (o ambas), y se dora en gratinadora o salamandra (no se forma costra crujiente como en el caso del gratinado). Suelen utilizarse salsas como la holandesa y la bearnesa (y sus derivadas).

- **Glaseado mediante caramelización:** el alimento se carameliza añadiendo azúcares (en el caso de que el alimento tenga suficiente humedad), o caramelo y glasa de carne si este es más seco; en ambos casos dándole al género una pátina oscura y brillante. Utilizamos el glaseado con azúcar o glasa para oscurecer hortalizas pochadas, como la cebolla, y la glasa (reducción de jugos y azúcares de carne) con hortalizas y pequeñas piezas de carne cocinadas (carrilleras, champiñones, cebollas). Existe otro tipo de glaseado «en blanco», utilizado para dar una pátina brillante y transparente a hortalizas como la zanahoria (zanahoria Vichy), en este caso utilizando un almíbar transparente.

Esta técnica, se utiliza en la confección de aperitivos a base de pequeñas porciones de pescados, huevos y mariscos.

ELABORACIONES DE SOPAS Y CREMAS

Por sopas y cremas entendemos elaboraciones más o menos líquidas que utilizan un fondo y un elemento de ligazón, que puede ser muy variado: patata, *roux,* pan, legumbre, etc. Entre los distintos tipos, nos encontramos con:

- Ligazón mediante pan: como la sopa castellana, sopa de cebolla, de ave (guarnición harinosa) o la sopa de pescado.
- Ligazón mediante patata: en la *vichyssoise* o el *parmentier.*

- Ligazón mediante *roux:* las cremas *veloutés,* como la crema de champiñones o la crema de ave.

- Ligazón mediante legumbre: como en la crema bretona o la castellana.

- Ligazón mediante arroz: como en los bisqués de mariscos.

Todas ellas pueden refinarse con sabayón de nata y yema, nata o yema aislados, y servirse como aperitivos en pequeños recipientes, acompañados o no de crujientes o de elementos proteicos propios de su elaboración.

Crema de marisco.

ELABORACIONES DE ARROZ

Dentro de las elaboraciones de arroz, podemos distinguir entre:

- **Arroces cocidos en blanco:** cocidos en abundante agua, lavados y refrescados, para obtener arroces sueltos aptos para elaboraciones de ensaladas.

- **Arroces secos:** como las paellas, rehogados previamente, con adición de líquido caliente en una proporción de 1-2,5, y con una duración de la cocción de unos 17 minutos aproximadamente. Tras el hervor, con reposo posterior, como la paella o el arroz negro.

- **Arroces cremosos:** cocidos en una proporción de líquido 1-3, con adición de líquido frío.

- **Arroces caldosos:** con una proporción de líquido 1-4, donde el caldo resultante se sirve como elaboración independiente, o como elemento de cocción de otras guarniciones de la elaboración, como patata.

Es común su uso en platos combinados o como base de ensaladas y ensaladillas, pero se está extendiendo también en presentaciones de barra o de *lunch* y vinos españoles en cazuelitas o minipaellas.

Cazuelitas de arroz.

ELABORACIONES DE HUEVOS

Dentro de las elaboraciones a base de huevos, podemos distinguir entre las que emplean el huevo aislado y las que emplean el huevo como elemento aglutinante de otros ingredientes (revueltos y tortillas). Dentro de las elaboraciones que emplean huevos como elemento aislado, nos encontramos con:

- Huevos cocidos: en abundante agua hirviendo con sal y vinagre, con refrescado posterior para la fácil retirada de la cáscara. Según el tiempo de cocción, nos encontramos con resultados diferentes, así tenemos:

  — Huevos pasados por agua: cocidos durante tres minutos en agua acidulada y salada para servicio inmediato; debe resultar semilíquido.

  — Huevos *mollet:* cocidos durante cinco minutos en agua acidulada y salada; su nombre proviene del aspecto «mullido» del huevo tras la cocción. Suelen emplearse napados y glaseados con salsas enriquecidas en grasa y yema de huevo.

  — Huevos duros: cocidos durante ocho minutos en agua hirviendo, con refrescado y pelado posterior. Se suelen emplear enteros para relleno, como plato con salsas, o picados como elemento de ligazón de majados y vinagretas.

- Huevos escalfados: realizados en agua a 65 ºC, acidulada y con retirada posterior a agua fría para su enfriado posterior; suelen emplearse glaseados o gratinados junto con guarnición.

- Huevos a la plancha: directamente cocinados sobre plancha, con aspecto de huevos fritos, empleándose como plato principal con guarnición independiente.

- Huevos fritos: en abundante grasa caliente, servidos con guarnición independiente.

Dentro de los huevos empleados como aglutinantes de otras elaboraciones nos encontramos con:

- Elaboraciones de suflés: el huevo, por separado, con la clara montada a punto de nieve y la yema como ingrediente de la elaboración, añadida a derivadas de la *velouté* o la bechamel, unidas mediante mezcla suave y dispuesta la mezcla en molde engrasado que se introduce al horno hasta que sufle o se hinche. La elaboración se realiza a unos 200 ºC, durante poco tiempo, levantándose y desmoldándose para su servicio. El suflé puede ser de parmesano, si se añade a la bechamel de base; de mariscos, empleando mantequilla de mariscos en la elaboración y marisco picado, etc.

- Elaboraciones de pudin: como aglutinante de pasteles de pescados o verduras. La receta base marca 500 g de pescado desmigados, 5 dl de nata y 5 huevos. La mezcla se tritura y aglutina, cociendo al baño maría, en molde engrasado, durante 45 minutos a 180 °C, enfriado y desmoldado.

- Elaboraciones de revueltos: aglutinamiento, mediante la acción del calor, de varios ingredientes, a través del huevo; suele emplearse con salteados de verduras, mariscos y pescados, añadiendo el huevo batido y removiendo durante la cocción a fuego vivo, presentando semicoagulado.

- Elaboraciones de tortillas: son las elaboraciones de huevos en coagulación, moldeadas; en ocasiones son únicas de huevos, en otras de huevo con elementos que funcionan como relleno y en otras, tortillas que incluyen la guarnición en su interior, como la tortilla española o la paisana.

Las elaboraciones a base de huevos son básicas en la preparación de aperitivos y platos combinados por su versatilidad: tostas y canapés de pasteles variados, huevos duros rellenos, tortillas, crepes salados rellenos, etc.

ELABORACIONES DE SALSAS PARA APERITIVOS Y ENTREMESES

Las salsas son elementos semilíquidos, elaborados o no con el plato, que incluyen elementos saborizantes para complementar la elaboración, como son: fondos, jugos, extractos, hortalizas, hierbas aromáticas y especias.

Dentro de las salsas más adecuadas para la confección de aperitivos, entremeses y platos combinados, nos encontramos con:

Salsa bechamel

La salsa bechamel es una de las salsas básicas, realizada con un *roux* blanco (60 × 60 para salsear, u 80 × 80 para napar; en el caso de elaboración para croquetas, de 120 × 120) por litro de leche, sazonada generalmente con sal, pimienta y nuez moscada.

Se suele emplear para napar en glaseados o gratinados, aislada o con ingredientes añadidos como:

- Yema de huevo y queso en la salsa mornay: empleada para glaseados.
- Puré de cebolla pochada en mantequilla, como en la salsa soubise; empleada en el salseado de huevos.
- Puré o salsa de tomate concentrada, como en la salsa aurora: utilizada en las elaboraciones de pasta italiana.

Admite infinidad de usos e ingredientes, como el queso para el gratinado, yemas o aromas para formar otras salsas, empleadas en las elaboraciones a base de huevos y mariscos.

Glasas

Se trata de reducciones de fondos oscuros hasta alcanzar textura de caramelo, utilizadas solas o en compañía de otros aromas (oporto, vino tinto, etc.) para acompañar aperitivos a base de carnes o *foie* (brochetitas, tostas, etc.). En otras ocasiones, se puede hacer referencia bajo esta denominación a reducciones de vinagre balsámico u otros líquidos.

Salsa de tomate

Se trata de otra de las salsas básicas, en este caso ligada por harina, en colaboración de una *mirepoix* de hortalizas oscuras y condimentos rehogadas.

Generalmente, se elabora a partir de un fondo de ajo, cebolla, zanahoria y tomate rehogados en grasa, a los que se añade parte de harina, fondo o *fumet* (en la elaboración que corresponda) y distintos condimentos, triturando y tamizando.

Es base de numerosas salsas que acompañan pescados, carnes o pastas, como:

- Salsa boloñesa: salsa de tomate a la que se añade carne picada rehogada y orégano.

> - Salsa americana: salsa de tomate con *fumet,* a la que se añade puré de cabezas y cáscaras de marisco rehogadas y trituradas.
>
> - Salsa italiana: mezclando salsa española y de tomate, para elaboraciones de pasta o carnes.

Es base para realizar la salsa brava, añadiéndole elementos picantes, para su consumo en tapas, raciones o aperitivos (patatas en salsa brava).

Salsa holandesa

En este caso, se trata de una elaboración a partir de la emulsión de la yema de huevo en baño maría (50 ºC), evitando su coagulación por el calor. La yema se acidula con un poco de zumo de limón. El limón permite y ayuda a la emulsión de la yema; al principio, la elaboración comienza con el emulsionado de la yema y el zumo, añadiendo poco a poco, incorporando según se mezcla, mantequilla clarificada. Al final se sazona con sal y pimienta, manteniendo durante el servicio a 50 ºC para evitar que se corte. La proporción es 1 yema por 200 g de mantequilla.

En función de que la mantequilla se complemente o no, mediante infusión, de otros ingredientes, o de la adición de otros elementos, podemos encontrarnos con derivadas de esta salsa:

> - Nantua: holandesa realizada con mantequilla de crustáceos.
>
> - Muselina: holandesa rebajada con nata montada.
>
> - Muselina de ajos: holandesa realizada con mantequilla de ajo (extraído mediante confitado).

En general, esta salsa se utiliza para acompañar hortalizas y pescados al vapor en elaboraciones de micrococina, aunque también puede intervenir en elaboraciones con glaseados en aperitivos y entremeses calientes, y la bearnesa, muy similar, en elaboraciones de carnes.

Salsa mayonesa

En este caso, es otra de las salsas básicas, basada en la emulsión en frío de huevo y aceite. Como en los casos anteriores, el huevo se acidula (limón o vinagre) y se monta con varilla, añadiendo el aceite a chorro muy fino, sin incorporarlo al huevo hasta que no se mezclen ambos en su totalidad. La mayonesa puede cortarse por diferencia de temperatura de los ingredientes o por un exceso de batido. El cortado puede solucionarse mediante la adición de gotas de agua fría a la elaboración. Es imprescindible que se usen huevos muy frescos u ovoproductos, en casos concretos, ya que su producción en cocina está muy restringida (riesgo de contaminación).

Entre sus derivadas nos encontramos con:

- Salsa rosa: se trata de salsa mayonesa a la que se añade kétchup, zumo de naranja, salsa Perrins, sal y pimienta, en proporción variable. Suele utilizarse como salsa de pescados y mariscos hervidos.
- Salsa tártara: mayonesa a la que se añade alcaparra, pepinillo y cebolla picados, eneldo, perejil y huevo duro picado; adecuada para elaboraciones de pescados ahumados y huevos duros.

Muy empleadas en ensaladas o ensaladillas para su uso como plato combinado, relleno de tartaletas o presentaciones en cucharilla japonesa.

Salsa vinagreta

Se trata de una salsa basada en la emulsión inestable de aceite y vinagre, en la proporción de 1-3. Sobre esta base, distinguimos entre la vinagreta propiamente dicha (la anterior), la vinagreta francesa (que incorpora a la base anterior mostaza) y la española o ravigote, que une a la emulsión de vinagre y aceite la inclusión de hortalizas en *brunoise,* como ajo, cebolla, pimiento, etc., y la ligazón con huevo duro picado.

Es una salsa empleada con frecuencia en el aliño de ensaladas y la preparación de salpicones a la vinagreta para su presentación en aperitivos y tapas diversas.

Salsa alioli

Se trata de una salsa de uso específico para el acompañamiento de arroces, carnes y pescados a la plancha o brasa o asados. De origen catalán, se basa en la capacidad emulsionante del ajo (pectina) junto con el aceite.

Para su elaboración, se disponen 4 dientes de ajo y 1 dl de aceite. El ajo se maja en el mortero, añadiendo a chorro fino el aceite, poco a poco, mientras se mezcla. Puede cortarse por el exceso de calor, solucionándose con la bajada de temperatura. Es estable en su conservación en frío.

En algunos casos, se presenta como mayonesa asociada a ajo muy picado, empleándose como salsa en las patatas alioli o aperitivos a base de mariscos y pequeñas piezas de carne a la brasa o plancha.

Salsa romesco

Se trata de una salsa basada en la ligazón de la pectina de ajo, el pan y los frutos secos junto con distintas hortalizas. Se suelen emplear para su elaboración: berenjena, pimiento, cebolla, ajo y pulpa de pimientos asados en el hornos o a la brasa, junto con frutos secos como el piñón o la almendra.

Sobre la base del majado de ajo, pan frito y frutos secos se añade el triturado de hortalizas, aceite y vinagre, emulsionando. Se puede saborizar con perejil, orégano y tomillo, en función de su suso final, que suele ser el de acompañar elaboraciones a la parrilla, plancha o brasa: rape, conejo, pollo o costillas para su presentación como aperitivos o entremeses, en brochetas, etc.

Masas como base de aperitivos

Se trata de masas que pueden utilizarse como base de aperitivos (quebrada, hojaldre, *brioche, choux,* etc.) u otras de fritura como la tempura o la orly.

Masa quebrada salada

La masa quebrada salada, utilizada en elaboraciones de tartaletas, quiches o tostas, incluye en su elaboración la mitad de mantequilla que de harina, huevo, agua templada y sal. De su forma final dependerán su uso y aplicación, así como su denominación.

Masa quebrada salada

Ingredientes:	• 2 dl de agua templada
• 500 g de mantequilla	• 2 yemas de huevo
• 1 kg de harina	• 25 g de sal

Elaboración:

• Disponer la harina en forma de volcán sobre una mesa de trabajo.

• Pomar la mantequilla y disponer en el centro del volcán.

• Añadir el agua templada y la sal.

• A continuación, incorporar las yemas semimontadas.

• Amasar toda la mezcla hasta que resulte homogénea y elástica.

Aplicaciones/observaciones:

• En función de la forma dada, pueden realizarse tartaletas, agujas o quiches.

• Si se desea hornear en blanco (para después ser rellenada con masas de quiche o farsas variadas), debe introducirse en el horno precalentado a 180 ºC, con compensadores del levantamiento (garbanzos o placas en frío) para su posterior rellenado, o bien ser pinchada para evitar el levantamiento.

• Si se va a utilizar en crudo, se dispone estirada sobre el molde y se rellena.

Tempura

La tempura es una masa de fritura de origen japonés. Es una masa de fritura rápida, aplicada generalmente a verduras, carnes blancas y mariscos en pequeñas porciones, en el tamaño de un bocado y con temperaturas de cocinado en grasa que rondan los 180 ºC. La fritura tradicional de la tempura se realiza en aceite de sésamo, y suele servirse acompañada de salsa de soja y sake dulce, junto con jengibre y especias.

Para la elaboración del alimento en tempura, este suele macerarse previamente en una mezcla de sake y sal marina.

Tempura

Ingredientes:

- 100 g de harina de tempura
- 1 yema de huevo
- 5 dl de agua muy fría
- Hortalizas variadas en juliana
- Salsa de soja
- Aceite de sésamo para freír (puede sustituirse por girasol)

Elaboración:

- Disponer el agua en un bol.
- Añadir de golpe la harina de tempura y remover fuertemente con varilla.
- Añadir las yemas de huevo batidas.
- Mezclar con las hortalizas picadas en juliana y maceradas en salsa de soja.
- Rebozar y freír en el aceite bien caliente.
- Retirar sobre papel de cocina para absorber el exceso de grasa.
- Servir junto con salsa de soja.

Aplicaciones/observaciones:

- Frituras de hortalizas, pescados o carnes blancas en pequeños bocados, como plato principal o como guarnición.

Tempura.

Pasta *choux*

La pasta *choux* es otro ejemplo de o bien masa de fritura o masa horneada suscep-
tible de relleno. Con ella se elaboran buñuelos, profiteroles, lionesas, *éclairs,* etc.

Pasta *choux*

Ingredientes:	• 4 huevos
• 150 g de harina	• 90 g de mantequilla sin sal
• 100 ml de agua	• 10 g de azúcar (opcional)
• 125 ml de leche	• 10 g de sal

Elaboración:
- En una *sauté* se disponen la leche, el agua, la mantequilla, la sal y el azúcar. Se hierven.
- Se añade de golpe la harina. Se remueve fuera del fuego fuertemente.
- Se incorporan los huevos uno a uno, integrándolos cada vez (hasta que no se integre uno no se añade el siguiente) y removiendo constantemente.
- Debe resultar una masa homogénea.

Aplicaciones/observaciones:
- Puede utilizarse como masa de fritura (gambas, pescados, chorizo, queso, etc.).
- O bien puede utilizarse como masa horneada, con distintas formas, para su posterior relleno. En este caso se hornea bajo diversas formas, que le darán denominación, en el horno precalentado a 200 ºC durante 10 minutos (en función del tamaño).

Profiteroles rellenos.

GUARNICIONES PARA PLATOS COMBINADOS

Las guarniciones se definen como los elementos que acompañan y complementan nutricional y visualmente las diferentes elaboraciones. En cocina clásica, las guarniciones definen y dan personalidad a los platos; si esa guarnición cambia, aunque el género principal y la técnica empleada sean las mismas, la denominación del plato cambia.

Como se ha dicho, deben mejorar el aspecto visual del plato y complementar su aporte nutritivo, ya que la elaboración final tiene que resultar equilibrada en sí misma; el elemento proteico aparece definido por la carne o el pescado (género principal), el de hidratos de carbono (patata, pasta y arroz) y los aportes de vitaminas y minerales por la guarnición.

Las guarniciones se pueden diferenciar de dos maneras:

- Estar elaboradas junto o al margen del plato.
- Ser simples (constar de un solo elemento) o compuestas (de varios).

Para el cocinero es básico saber identificar y trabajar la guarnición más adecuada a cada elaboración, dándole importancia también como elemento que ayuda a hermosear los preparados.

Comenzamos su clasificación distinguiendo entre guarniciones simples y compuestas:

GUARNICIONES SIMPLES

Son las realizadas con un único género:

- **Guarniciones a base de patata:** en este grupo se engloban las guarniciones que emplean la patata como género principal; y nos la podemos encontrar frita, hervida, al vapor, asada, salteada, confitada, risolada o en puré.

  — Guarniciones de patata frita: se pueden realizar con varios cortes (paja, cerilla, bastón, española, puente nuevo, panadera, etc.), con características distintas según el corte y grosor.

Patatas fritas (método directo)

Ingredientes:
- 200 g de patata en cortes pequeños (cerilla, paja, chip, rejilla)
- 1 l de aceite
- Sal

Elaboración:

- Con ayuda de la mandolina obtenemos el corte de patata deseado.

- Reservamos en agua fría.

- Calentamos el aceite en sartén o parisién a 180 ºC.

- Escurrir las patatas con ayuda de un chino y secar bien.

- Incorporar al aceite caliente, en cantidades pequeñas, removiendo con ayuda de una araña.

- Una vez doradas, retirar sobre papel de cocina y salar.

Aplicaciones/observaciones:

- Suelen utilizarse como guarnición de carnes y aves fritos: filetes, pechugas, etc.

- Pueden moldearse para hacer nidos; superponiendo y prensando con el molde, e introduciendo después en el aceite caliente. Mantienen la forma gracias al almidón de la patata.

Patatas fritas con pochado previo

Ingredientes:

- 200 g de patata en cortes grandes (bastón, española, puente nuevo, panadera)
- 1 l de aceite
- Sal

Elaboración:

- Realizamos el corte de las patatas.

- Reservamos en agua fría.

- Calentamos el aceite en sartén o parisién a 130 ºC.

- Escurrir las patatas con ayuda de un chino y secar bien.

- Incorporar al aceite caliente, de golpe, removiendo con ayuda de una araña.

- Mantener en un hervor muy suave, similar a un confitado, hasta que la patata resulte tierna.

- Retirar y calentar el aceite a 180 ºC.

- Añadir las patatas en tandas de poca cantidad para evitar el enfriamiento de la grasa.

- Una vez doradas, retirar sobre papel de cocina y salar.

Aplicaciones/observaciones:

- Suelen utilizarse como guarnición de carnes y aves fritos: filetes, pechugas, etc., piezas a la plancha, como solomillo, entrecot y chuletas.

- Con esta técnica puede realizarse patata suflé; el proceso es el mismo, pero se utiliza patata panadera fina.
  Una vez pochada, se calienta
  el aceite a 200 ºC y se añade,
  debiendo inflarse
  durante el proceso.

— Guarniciones de patata hervida: generalmente se utiliza como acompañamiento de pescados escalfados, hervidos o a la plancha. En algunos casos, en trozos grandes, conocidos como cachelos.

Cachelos

Ingredientes:

- 200 g de patata en cortes grandes o entera si son pequeñas

- 1 l de agua
- Aceite
- Sal y laurel

Elaboración:

- Realizamos el corte de las patatas.

- Reservamos en agua fría.

- Calentamos el agua junto con un chorro de aceite, el laurel y la sal.

- Escurrir las patatas con ayuda de un chino y secar bien.

- Incorporar al agua, junto con un chorro de aceite, sal y laurel. Llevar a ebullición y mantener en un hervor muy suave, durante unos 20 minutos (variable en función del grosor).

- Retirar las patatas.

Aplicaciones/observaciones:

- Suelen utilizarse como guarnición de pescados, mariscos o carnes a la gallega.
- Puede realizarse con otros cortes de patata, como la panadera, avellana, torneada, etc.

Cachelos.

— Guarniciones de patata al vapor: el proceso es similar al anterior, aunque en este caso los cortes de la patata deben ser idénticos, para que la patata quede hecha de manera uniforme en el tiempo exacto.

Patatas al vapor

Ingredientes:

- 200 g de patata torneada o entera
- Sal

Elaboración:

- Realizamos el torneado de las patatas, procurando que todas sean del mismo tamaño y forma, o bien las pelamos y mantenemos enteras si son de tamaño pequeño.
- Reservamos en agua fría.
- Elegimos el método de cocción: horno de vapor precalentado o bien vaporera sobre agua hirviendo.

- Colocamos las patatas sobre la rejilla y procedemos a su cocción, tapadas, durante 45 minutos.
- Una vez tiernas, retiramos y salamos.

Aplicaciones/observaciones:

- Suelen utilizarse como guarnición de pescados a la plancha, al vapor, escalfados, hervidos o fritos.
- Pueden saltearse tras la cocción, obteniendo patatas *fondant*.

Patatas al vapor.

— Guarniciones de patata asada: utilizadas como complemento de carnes a la parrilla, asados o como base de purés.

Patatas asadas

Ingredientes:

- 200 g de patata sin pelar
- Sal y pimienta negra

Elaboración:

- Lavar y secar bien las patatas.
- Precalentar el horno con calor seco a 200 °C.
- Sazonar las patatas con sal y pimienta. Envolverlas en papel de aluminio.

- Introducirlas en el horno; si se trata de patatas pequeñas, el tiempo de cocción es de unos 35 minutos, 45 para las medianas y una hora las grandes.
- Tras la cocción, se retiran del horno y se quita el papel. Sazonar con perejil picado, romero, tomillo, etc.

Aplicaciones/observaciones:

- Suelen utilizarse como guarnición de carnes y aves asados en el horno y la parrilla.
- Pueden utilizarse para realizar purés.
- Pueden glasearse, rellenarse o saltearse tras el asado.

Patatas asadas.

— Guarniciones de patata salteada: son similares a las risoladas, aunque se suelen realizar con patatas pequeñas enteras o en cortes grandes.

Patatas salteadas

Ingredientes:

- 200 g de patata pequeña (o nueva) sin pelar
- 75 g de mantequilla clarificada
- 1 l de agua
- Sal y pimienta
- Perejil picado

Elaboración:

- Lavar y secar bien las patatas.
- Poner a hervir el agua junto con la sal y llevar a ebullición.
- Cuando comience a hervir, añadir las patatas. Cuando comience a hervir de nuevo, retirarlas y cortarlas y/o pelarlas.
- En una *sauté* con tapa, calentar la mantequilla. Añadir las patatas y freírlas unos cuatro minutos, removiéndolas para que se doren por toda la superficie. Si es necesario, añadir más mantequilla.
- Bajar el fuego al mínimo, tapar la *sauté* y rehogar las patatas de 15 a 20 minutos, moviendo la *sauté* de vez en cuando.
- Una vez tiernas, sazonar con sal, pimienta y el perejil picado.

Aplicaciones/observaciones:

- Suelen utilizarse como guarnición de carnes (vacuno, ovino y porcino) y aves asados en el horno y la parrilla.

Patatas salteadas.

— Guarniciones de patata confitada: operación similar a la del pochado, se suelen emplear aceites aromatizados con especias o hierbas aromáticas.

Patatas confitadas

Ingredientes: • 200 g de patata en cortes regulares (avellana o panadera)	• 1 l de aceite • Aromas: laurel, tomillo, perejil, pimienta, etc.

Elaboración:

• Pelar las patatas, lavarlas y realizar el corte deseado. Reservarlas en agua fría.

• Infusionar los aromas en el aceite.

• Una vez la grasa se haya impregnado de ellos, añadir las patatas, bien secas, e infusionar a 70 °C durante 45 minutos, variables en función del corte.

Aplicaciones/observaciones:

• Suelen utilizarse como guarnición de carnes, aves y pescados.

Patatas confitadas.

— Guarniciones de patata risolada: utiliza la técnica del risolado, similar al rehogado practicado para la elaboración de arroces secos; pueden terminarse al horno y saborizarse con cebolla o chalota picadas.

Patatas risoladas

Ingredientes:

- 300 g de patata pequeña, generalmente en corte avellana
- 75 g de mantequilla clarificada
- 1 l de agua
- 1 cebolla
- Sal y pimienta
- Perejil picado

Elaboración:

- Lavar y secar bien las patatas.
- Con ayuda de un sacabocados, practicar el corte avellana.
- Añadir las patatas al agua y calentar; llevar a ebullición y mantener en este punto durante unos tres minutos (blanquear). Una vez pasado este tiempo, retirar.
- Rehogar la cebolla, picada en *brunoise* en la mantequilla. Añadir las patatas, condimentar con sal, pimienta y perejil picado. Remover el conjunto hasta que las patatas se doren por todas sus caras. Opcionalmente, podemos disponerlas en placa de horno y terminar con un horneado rápido a 200 ºC.

Aplicaciones/observaciones:

- Suelen utilizarse como guarnición de carnes de ovino al horno.

Patatas risoladas.

— Guarniciones de puré de patata: como base llevan un puré *parmentier*, a base de patata cocida, complementado con varios ingredientes que personalicen las diferentes elaboraciones (queso, yemas, condimentos, etc.).

Puré *parmentier*

Ingredientes:

- 300 g de patata
- 80 g de mantequilla
- 1 l de agua
- ¼ l de leche
- Sal y pimienta

Elaboración:

- Pelar las patatas. Cortarlas en trozos grandes (batalla).
- Llevar el agua a ebullición junto con algo de sal. Añadir las patatas y cocer durante una media hora. Transcurrido ese tiempo, escurrir.
- Pasar las patatas por el pasapurés. Añadir la mantequilla y la leche templadas, sazonar con sal y pimienta.
- Se puede disponer en manga pastelera con boquilla rizada para decorar, o bien emplatar en forma de *quenelle*.

Aplicaciones/observaciones:

- Suele utilizarse como guarnición de carnes asadas.

Puré duquesa

Ingredientes:

- 200 g de puré *parmentier*
- 1 yema de huevo

Elaboración:

- Seguir el procedimiento anterior para obtener el puré *parmentier*.
- Una vez realizado, añadir la yema batida y mezclar bien.
- Disponer en manga pastelera con boquilla rizada. Moldear sobre placa de horno engrasada en forma de rosetón y hornear en el horno precalentado a 180 ºC durante cinco minutos.

Patatas delfín

Ingredientes:	• 225 g de harina tamizada
• 200 g de puré *parmentier*	• 4-6 huevos, según tamaño
• 2 dl de agua	• Sal y pimienta
• 1,5 dl de leche	• 1 l de aceite

Elaboración:

• Preparar el puré *parmentier* en la forma antes indicada.

• Preparar la pasta *choux:*

  - Hervir el agua y la leche junto con la mantequilla y la sal.

  - Una vez llegue a ebullición, añadir la harina de golpe.

  - Remover enérgicamente hasta que se despegue de los bordes del recipiente.

  - Añadir los huevos uno a uno, mezclando fuertemente; no añadir otro huevo hasta que el anterior no se haya mezclado bien con la masa.

• Mezclar la pasta *choux* con el puré.

• Calentar el aceite a unos 180 °C.

• Dar forma con dos cucharas engrasadas en forma de *quenelle.*

• Dejar caer la *quenelle* sobre el aceite, dejándola que se deslice para que tome forma de media luna (delfín).

• Freír y retirar con ayuda de una araña. Retirar a bandeja con papel de cocina para que absorba el exceso de grasa.

Aplicaciones/observaciones:

• Suelen utilizarse como guarnición de albóndigas o guisos de aves.

• Si escaldamos este puré obtenemos ñoquis.

• **Guarniciones a base de arroz:** se trata de guarniciones que utilizan el arroz como género principal; podemos identificar el arroz en blanco, el pilaf y el cremoso.

— Guarniciones de arroz blanco: consiste en cocer el arroz en abundante agua, escurrirlo y refrescarlo. Puede conservarse seco y regenerarlo en cada uso con multitud de aplicaciones.

Arroz blanco

Ingredientes:	• 1 l de agua
• 200 g de arroz	• Sal

Elaboración:

- Llevar a ebullición el litro de agua junto con la sal.
- Añadir el arroz y cocer unos 15 minutos; por debajo del tiempo de cocción habitual.
- Retirar del agua, pasar por el chino y lavar abundantemente al chorro de agua fría, eliminando el almidón.
- Escurrir de nuevo y reservar hasta su uso.

Aplicaciones/observaciones:

- Puede regenerarse en microondas, frito y salteado. Se puede saborizar con hortalizas, especias y hierbas aromáticas. Se utiliza como guarnición de pescados, albóndigas y mariscos (calamares en tinta).
- Se puede utilizar arroz redondo, de grano largo, basmati o salvaje.

— Guarniciones de arroz pilaf: se trata de un arroz, generalmente de grano largo, rehogado en grasa con cebolla, opcionalmente puede llevar otras hortalizas y estar terminado al horno. Se puede personalizar, saborizándolo con diferentes especias y hierbas aromáticas, en función de la elaboración a la que acompañe.

Arroz pilaf

Ingredientes:	• 25 g de cebolla
• 200 g de arroz de grano largo	• 25 g de mantequilla
• ½ l de fondo de ave o de carne	• Sal

Elaboración:

- Picar la cebolla en *brunoise.*
- Rehogar en la grasa, añadiendo algo de sal para que sude.

- Una vez tierna y ligeramente dorada, añadir el arroz y rehogar de nuevo.

- Añadir el *fumet* o fondo caliente, rectificar de sal.

- Cubrir con papel sulfurizado y cocer en el horno precalentado a 200 °C durante unos 15 minutos sin remover.

- Una vez cocido, reservar al calor.

Aplicaciones/observaciones:

- Suele utilizarse como guarnición de albóndigas, guisos de aves y platos de pescado.

Arroz pilaf.

— Guarniciones de arroz cremoso: generalmente se utilizan como acompañamientos de guisos de carnes, aves y caza.

Arroz cremoso de setas

Ingredientes:

- 200 g de arroz de grano redondo
- 6 dl de fondo
- 25 g de mantequilla
- 25 g de cebolla

- 50 g de setas
- 1 diente de ajo
- Perejil picado
- Sal y pimienta negra

Elaboración:

- Picar el ajo y la cebolla en *brunoise*. Cortar las setas en juliana.

- Calentar la mantequilla en el recipiente donde se va a realizar la cocción; añadir el ajo y dorar; incorporar la cebolla y las setas, sazonar con algo de sal y dejar rehogar.
- Añadir de golpe el arroz y rehogar ligeramente el conjunto. Incorporar poco a poco el fondo frío, removiendo constantemente para que el grano vaya soltando el almidón. El tiempo de cocción en este caso es mayor, ya que se incorpora el líquido frío.
- Dejar cocer hasta que resulte hecho, el grano entero y *al dente* y el caldo ligado. A la hora del servicio, disponer en el plato moldeándolo con ayuda de un cortapastas.

Aplicaciones/observaciones:

- Suelen utilizarse como guarnición de guisos de carnes y caza; en algunos casos de pescados.
- Podemos emplear aceites o mantequillas aromatizadas, e incluso otros ingredientes saborizantes, hierbas aromáticas y especias.

- **Guarniciones a base de pasta:** diferentes elaboraciones de pastas y pastas italianas, cocidas y salteadas para acompañar a los platos.

— Guarniciones de pasta salteada: suelen utilizarse pastas largas, como espaguetis, tallarines, cintas, etc. Pueden emplearse aisladas o en combinación de colores: verde, roja y negra.

Pasta salteada

Ingredientes:	
• 200 g de pasta italiana (espaguetis, tallarines, etc.)	• Sal y aceite para la cocción
	• 2 dientes de ajo
	• Aceite
• 1 l de agua	• Sal, pimienta y perejil picado

Elaboración:
- Llevar el agua a ebullición con abundante sal y un chorrito de aceite.
- Una vez que comience a hervir, añadir los espaguetis separándolos al caer.
- Cocer durante ocho minutos. Pasado ese tiempo, escurrirlos y refrescarlos al chorro de agua fría.
- Picar el ajo en láminas y el perejil.

- Calentar aceite en una *sauté* o sartén; añadir el ajo y dejar dorar.
- Una vez dorado, añadir la pasta y saltear, sazonando con la pimienta y el perejil picado.

Aplicaciones/observaciones:

- Suelen utilizarse como guarnición de guisos de carnes (guarnición de tallarines salteados en el osobuco a la milanesa), de pescados asados o a la plancha.
- Pueden utilizarse pastas de distintos colores y sabores y añadir a la guarnición varios ingredientes saborizantes como setas, orégano, etc.

— Guarniciones a base de otras pastas: pueden incluirse los ñoquis, aunque también pastas como la polenta, empleada en el norte de Italia, el maíz (en tortas), etc.

Ñoquis gratinados

Ingredientes:

- ½ l de leche
- 100 g de sémola de trigo
- 40 g de mantequilla
- 1 yema de huevo
- Nuez moscada, sal, pimienta blanca
- Queso rallado, crema de queso, etc.

Elaboración:

- Poner al fuego la leche con la sal, la nuez moscada, la pimienta y la mantequilla.
- Cuando rompa el hervor, añadir la sémola y trabajarla durante diez minutos a fuego suave hasta que no se pegue al fondo del recipiente y, al tocarla con la mano, tampoco se pegue a los dedos; sacarla del fuego y añadirle la yema.
- Volcar sobre una placa engrasada y alisar con espátula dándole un grosor de medio centímetro. Dejar enfriar.
- Cortar con un cortapastas al tamaño de una galleta.
- Escaldar en agua hirviendo con sal durante unos tres minutos. Retirar y refrescar en agua fría.
- Disponer sobre la placa de horno, moldeados con cortapastas. Cubrir con el queso rallado, cremas o salsas de queso y gratinar.

Ñoquis al gorgonzola.

• **Guarniciones a base de hortalizas:** el género principal es la hortaliza, a la que se aplican diferentes técnicas culinarias, como el hervido, la cocción al vapor, el asado, el glaseado, el breseado, la fritura o el asado.

— Guarniciones de hortalizas hervidas: pueden ser simples o compuestas; la elaboración más común es a la inglesa, que consiste en el hervido y terminación con algo de mantequilla.

Zanahorias a la inglesa

Ingredientes:	• Sal y pimienta
• 8 zanahorias	• 50 g de mantequilla
• 1 l de agua	• Perejil picado

Elaboración:

• Pelar las zanahorias y lavar. Pueden tornearse.

• Llevar el agua a ebullición, sazonada con sal y pimienta.

- Añadir las zanahorias y dejar cocer durante 20 minutos con el recipiente tapado.
- Pasado este tiempo, retirar las zanahorias, escurrir y reservar en fuente caliente junto con la mantequilla fundida. Espolvorear con perejil picado.

Aplicaciones/observaciones:

- Suelen utilizarse como guarnición de guisos o asados al horno de carnes.

— Guarniciones de hortalizas al vapor: similares a las guarniciones cocidas a la inglesa, cambia la técnica culinaria. En este caso es interesante que la hortaliza sea del mismo tamaño, o que los cortes sean iguales, para que la cocción sea homogénea.

Fondos de calabacín

Ingredientes:

- 2 calabacines
- Sal y pimienta

Elaboración:

- Lavar los calabacines. Cortar en rodajas gruesas.
- Vaciar la parte carnosa con ayuda de un sacabocados. Debe resultar un aspecto de cuenco.
- Colocar sobre rejilla de horno e introducir en el mismo en función vapor, precalentado (puede realizarse en vaporera sobre agua caliente).
- Cocer al vapor durante 15 minutos; retirar y salpimentar.

Aplicaciones/observaciones:

- Estos fondos de calabacín pueden utilizarse como receptáculo de rellenos, o bien formar parte de una guarnición compuesta, rellenándolos con otro tipo de ingredientes (champiñones, pisto, diversas farsas, etc.).

Fondos de calabacín rellenos.

— Guarniciones de hortalizas asadas: en este caso pueden utilizarse multitud de hortalizas: patatas, cebollas, pimientos, tomates, etc. Generalmente se utilizan como guarniciones para carnes asadas o emparrilladas.

Tomate provenzal

Ingredientes:	• Aceite de oliva
• 2 tomates	• 2 dientes de ajo
• 25 g de pan rallado	• Sal y perejil picado

Elaboración:
- Lavar los tomates, cortarlos por la mitad.
- Introducir en el horno precalentado a 180 ºC sobre placa engrasada durante unos ocho minutos.
- Picar el ajo, mezclar con el perejil picado y la sal.
- Cubrir la parte cortada del tomate con esta mezcla y mojar con unas gotas de aceite de oliva.
- Introducir de nuevo en el horno precalentado, hasta que gratine y la capa superior haga costra (puede realizarse en salamandra o gratinadora).

Aplicaciones/observaciones:
- Esta guarnición es adecuada para acompañar carnes de vacuno emparrilladas. Se puede añadir, además del perejil picado, saborizantes como tomillo, orégano y pimienta.

— Guarniciones de hortalizas glaseadas: el glaseado consiste en crear una pátina brillante sobre el alimento. Generalmente se realiza con azúcar, distinguiendo entre el glaseado blanco (reducción de zanahorias torneadas en agua con azúcar), y el oscuro, en el que se añade el azúcar a las hortalizas pochadas, dejando calentar hasta que caramelice (cebollitas, cebolla en juliana, champiñones, etc.). Esta operación puede realizarse también con glasa de carne.

Champiñones glaseados

Ingredientes:	• 1 cucharada de café de azúcar
• 200 g de champiñones	• ½ dl de glasa o fondo
• 50 g de mantequilla	• Sal y pimienta

Elaboración:

- Limpiar los champiñones, retirar sus tallos y picar en láminas.
- Derretir la mantequilla en sartén, e incorporar los champiñones. Sazonar con sal y pimienta.
- Una vez tiernos, añadir el azúcar y mantener caliente, salteándolos. Dejar que el azúcar caramelice, sin llegar a quemarse.
- Añadir la glasa o fondo oscuro.
- Incorporar unas gotas de agua para impedir que se peguen por efecto de la caramelización y retirar.

Aplicaciones/observaciones:

- Esta guarnición es adecuada en asados de aves y elaboraciones de carnes a la parrilla, como el solomillo.
- Pueden disponerse sobre costrones de pan tostado.

— Guarniciones de hortalizas breseadas: se utilizan hortalizas con alto contenido en humedad. Una vez breseadas pueden glasearse, en blanco o en oscuro, e incluso con salsas como la holandesa.

Endibias breseadas

Ingredientes:	• 1 cebolla
• 4 endibias	• ½ pimiento rojo
• 1 l de agua	• 1 diente de ajo
• Sal y pimienta	• Aceite

Elaboración:

- Limpiar las endibias, retirando las hojas más duras. Introducir en el agua con sal, llevar a ebullición y mantener durante tres minutos. Retirar del agua y enfriar. Esta operación se conoce como blanqueado; en este caso se realiza para retirar el amargor natural de la endibia.
- Picar en *brunoise* el ajo, la cebolla y el pimiento.
- Calentar el aceite y dorar en él el ajo. Añadir la cebolla y el pimiento, sazonar con una pizca de sal, dejándolos sudar a fuego muy suave.
- Incorporar las endibias, mojar con un poco de agua y cocer lentamente, a fuego muy suave, durante 30 minutos, con el recipiente tapado para aprovechar la humedad de las hortalizas en la cocción (esta operación puede realizarse al horno).
- Una vez tiernas, retirar las endibias y utilizar.

Aplicaciones/observaciones:

- Suelen utilizarse como guarnición de guisos y estofados de carnes.
- Una vez breseadas, pueden glasearse, o bien, cortadas a la mitad, a lo largo, terminarlas en plancha o parrilla.

— Guarniciones de hortalizas fritas: este tipo de guarniciones se realizan a la gran fritura (abundante cantidad de grasa) y suele prepararse con algún tipo de protección (enharinado, rebozado, empanado o con masas de fritura como la orly y la tempura) para crear costra rápidamente y evitar que las hortalizas pierdan humedad. Suelen emplearse hortalizas fritas directamente (zanahoria, berenjena, cebolla), o bien blanqueadas previamente (espárrago triguero).

Aros de cebolla fritos (orly)

Ingredientes:	• Orly:
• 1 cebolla	- 200 g de harina
• 1 l de aceite	- 1 sobre de impulsor (levadurina)
• Harina	- 1 botella (33 cl) de agua con gas
	- Sal

Elaboración:

• Pelar la cebolla y picar en aros.

• Preparar la masa orly:

  - Disponer la harina en un bol, junto con el impulsor.

  - Sazonar con sal.

  - Añadir el agua con gas (puede emplearse cerveza o gaseosa), removiendo con varilla, hasta alcanzar la consistencia deseada. Debe adherirse fácilmente a la varilla.

• Calentar el aceite en sartén o freidora a 180 ºC.

• Pasar los aros de cebolla por harina, sumergir en la masa orly y pasar al aceite, separándolos, en poca cantidad, para evitar que la grasa se enfríe.

• Una vez dorados, retirar a una bandeja con papel de cocina para que absorba el exceso de grasa.

Aplicaciones/observaciones:

• Son adecuadas como guarnición de frituras de carne o pescado.

• Pueden introducirse en la masa de fritura ingredientes saborizantes, como especias.

GUARNICIONES COMPUESTAS

Se trata de las guarniciones que combinan distintos ingredientes e incluso distintas técnicas culinarias. Generalmente tienen una denominación establecida en cocina internacional, dando incluso su nombre a ciertos platos: ternera a la jardinera, pollo a la buena mujer, etc.

• **Guarniciones a base de hortalizas:** combinan hortalizas de distinta naturaleza, generalmente con cortes idénticos, facilitando así los procesos de cocción.

Jardinera

Ingredientes:	• 300 g de guisantes frescos
• 2 cebolletas	• 100 g de champiñón
• 2 dientes de ajo	• 1 dl de agua o fondo
• 2 zanahorias	• ½ dl de aceite virgen
• 300 g de habas	• Sal y pimienta

Elaboración:

• Picar las cebolletas y los dientes de ajo en *brunoise*. Rehogar en una *sauté* con el aceite.

• Pelar las zanahorias y cortar en rodajas finas. Incorporar al aceite. Añadir los guisantes, las habas frescas y los champiñones. Rehogar el conjunto unos 2 minutos a fuego vivo.

• Incorporar el agua o fondo, sazonar con sal y pimienta y dejar cocer durante unos 15 minutos, dejándolo reducir.

Aplicaciones/observaciones:

• Se utiliza como guarnición de carnes de vacuno o ave asadas y guisadas.

• Pueden añadirse más hortalizas, como nabo o patata en paisana.

Panaché de verduras

Ingredientes:	
• 125 g de zanahorias	• 125 g de patatas peladas
• 125 g de nabos	• 125 g de coles de Bruselas
• 125 g de alcachofas	• 100 g de mantequilla
• 125 g de judías verdes	• Sal y pimienta

Elaboración:

• Pelar y tornear las zanahorias, los nabos y las patatas.

• Cortar las judías verdes en paisana.

• Retirar las hojas más duras de las alcachofas y el tallo, frotarlas con limón para evitar que se oxiden. Cortar en cuartos.

• Preparar la cocción al vapor:

- Disponer agua en un recipiente ancho, suficiente para que no toque la rejilla o cesta que sustenta las hortalizas.

- Llevar a ebullición.

- Disponer las hortalizas en el cesto en diferentes *bouquets* debido a la diferente dureza de las hortalizas (se retiran por orden de dureza: primero las judías verdes, luego las zanahorias, las coles de Bruselas, las patatas y los nabos).

- Cocer en la vaporera con el recipiente tapado. No refrescar tras la cocción. Las hortalizas deben resultar *al dente.*

• Sazonar en el momento de utilización con mantequilla salada clarificada y pimienta.

Aplicaciones/observaciones:

• Suelen utilizarse como guarnición de guisos y estofados de carnes, asados de carnes y aves, o como plato independiente.

• La cocción puede realizarse en vaporera, en horno de vapor e incluso mediante hervido.

• **Guarniciones para pescados:** generalmente, las guarniciones para pescados incluyen entre sus ingredientes patata y arroz, sin embargo, también nos encontramos con guarniciones propias con denominación común en la cocina internacional.

Bella molinera

Ingredientes:	• 100 g de harina
• 8 tomates *cherry*	• 1 huevo
• 1 cebolla	• 1 limón
• 4 patatas torneadas	• 1 l de agua
• 8 champiñones	• 2 dl de aceite de oliva
• 100 g de espinacas	• Sal

Elaboración:

• Llevar el agua a ebullición, escaldar los tomates *cherry* y retirar a agua con hielo. Pelar y reservar.

• En esa agua, cocer las patatas torneadas con sal y los champiñones; una vez cocidos, retirar y reservar.

- En la misma agua hirviendo, escaldar las espinacas picadas, retirar y escurrir bien. Salarlas y mezclar con la mitad del huevo batido y harina, formando pequeñas bolitas.
- Calentar el aceite a 180 ºC y freír hasta que resulten doradas. Colocar en una fuente con papel de cocina para retirar el exceso de aceite.
- Cortar la cebolla en aros, pasar por harina y el resto de huevo y freír en el aceite caliente, retirando a una fuente con papel de cocina.
- Para presentar la guarnición en el plato, calentar las patatas, los champiñones y los tomates en algo de aceite; disponer el conjunto en el plato, junto con las bolas de espinaca y los aros de cebolla fritos.

Aplicaciones/observaciones:
- Se utiliza como guarnición de pescados cocidos o escalfados.

- **Guarniciones para aves:** como en los casos anteriores, existen guarniciones específicas con denominación propia para aves. Admiten las guarniciones combinadas a base de patata (risolada, frita, asada, etc.) y hortalizas.

Nidos de patata

Ingredientes:
- 2 patatas
- ½ l de aceite
- Sal
- 10 champiñones
- 50 g de beicon
- 50 g de mantequilla
- 1 cebolla
- 1 dl de nata
- Sal y pimienta

Elaboración:
- Pelar y picar las patatas en corte paja o cerilla. Reservar en agua fría.
- Limpiar los champiñones y picarlos en *brunoise* muy fina.
- Picar la cebolla en *brunoise* fina y el beicon en daditos.
- Fundir la mantequilla en sartén, añadir la cebolla y el beicon, salpimentar y dejar rehogar.
- Añadir los champiñones, rehogar el conjunto, añadir la nata y dejar reducir hasta que tome consistencia espesa.
- Retirar las patatas del agua, escurrir bien y disponer sobre rejilla de patatas nido. Deben estar bien secas para evitar que se peguen a la rejilla.

- Calentar el aceite a 180 °C en un recipiente alto. Introducir la rejilla y freír hasta que doren. Retirar a una fuente con papel de cocina para que absorba el exceso de grasa.

- Para su presentación, rellenar los nidos con la farsa o relleno realizado con la reducción de nata; opcionalmente, puede añadirse queso rallado y gratinar en salamandra, o bien espolvorear con perejil picado, tomillo, etc.

Aplicaciones/observaciones:

- Guarnición apropiada para asados y guisos de aves.

- Los nidos pueden rellenarse con distintas preparaciones.

- **Guarniciones para carnes**: aparte de guarniciones específicas, como la jardinera o el panaché, para asados, las carnes admiten bien las guarniciones compuestas que utilicen base de patata.

Patatas panadera al horno

Ingredientes:

- 2 patatas grandes
- 1 cebolla
- 50 g de beicon
- 50 g de mantequilla

- ½ l de aceite de girasol
- 1 dl de nata
- Queso rallado
- Sal y pimienta

Elaboración:

- Pelar las patatas y cortarlas en rodajas (panadera); reservarlas en agua fría.

- Picar la cebolla en juliana y el beicon en taquitos pequeños.

- Rehogar la cebolla y el beicon en la mantequilla, salpimentar.

- Disponer el aceite en sartén; calentar a 120-130 °C.

- Retirar las patatas del agua, escurrir y secar bien y añadirlas de golpe al aceite; pochar suavemente hasta que resulten tiernas sin que doren. Retirar del aceite y escurrir bien.

- Disponer una capa de patata sobre cazuela de barro o placa de horno; sobre ella una capa de cebolla y beicon, cubrir alternativamente con otra capa de patata, hasta agotar los ingredientes.

• Cubrir con la nata, espolvorear queso rallado y pimienta, e introducir en el horno precalentado a 180 ºC durante 15-20 minutos. La nata termina la cocción en el horno. El aspecto final debe resultar dorado en la superficie.

Aplicaciones/observaciones:

• Suelen utilizarse como guarnición de asados de cordero.

Patatas panadera al horno.

MODELOS DE PRESENTACIÓN Y SERVICIO

Para la presentación de aperitivos, entremeses, micrococina o platos combinados, podemos optar entre diferentes formas de presentación y servicio.

En cuanto al servicio, podemos distinguir entre servicios fríos, calientes o mixtos:

• Servicios fríos: permiten la presencia de todas las elaboraciones sobre la plataforma de oferta a la entrada de los clientes, o bien su mantenimiento en las barras de bares, restaurantes o vinotecas.

Suelen emplear aperitivos y preparaciones en frío: pescados marinados, escabeches, enaladillas, embutidos y fiambres, púdines, etc.

• Servicios calientes: implican el comienzo del servicio o la regeneración de las elaboraciones, cuando los clientes pasan a degustarlo, o la preparación al momento en los bares, restaurantes o vinotecas: frituras, tapas y tostas calientes, revueltos, etc.

> • Servicios mixtos: abarcan la doble oferta; aperitivos y entremeses fríos junto con calientes. En bares y vinotecas permite las dos ofertas (barra y cocina); en restaurantes especializados, en *lunchs* y vinos españoles, permiten la disposición de las elaboraciones frías sobre las mesas, y en el momento en el que todos los comensales ocupen el salón, comenzar el pase de las elaboraciones calientes.

MAPA CONCEPTUAL

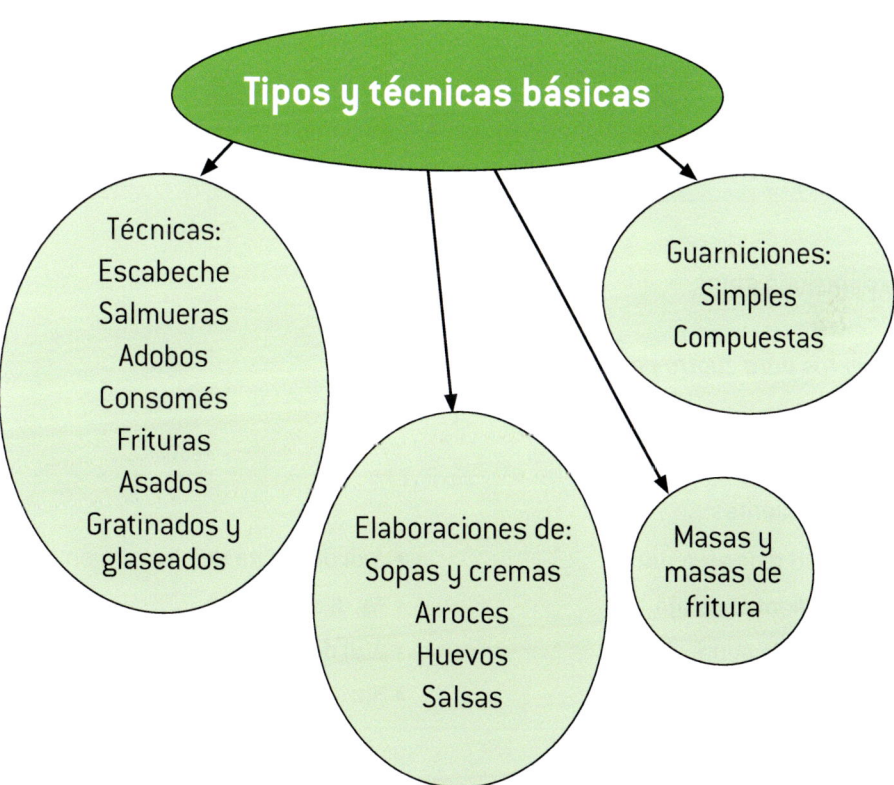

1.3. Aplicación de técnicas sencillas de elaboración y presentación

Dentro de este apartado, nos dedicaremos a desarrollar diferentes elaboraciones, de carácter sencillo y de fácil aplicación en cocina. En algunos casos se aplicarán elaboraciones específicas, y en otros, se tratará de aplicaciones de distintos platos para su servicio como aperitivos, bases de otras elaboraciones en micrococina, tapas, tostas o platos combinados.

APERITIVOS FRÍOS Y CALIENTES

En este apartado se incluyen algunos ejemplos de aperitivos fríos y calientes que pueden ser ofrecidos en distintas modalidades de servicio, de la oferta hostelera del establecimiento y de la imaginación de los responsables de cocina.

Tratándose de una pequeña muestra de los mismos, podemos sumarlos a aquellos otros de uso más común como pueden ser:

- Aperitivos a base de frituras: tempuras, croquetas, buñuelos, etc.
- Aperitivos a base de masas, como empanadas y quiches.
- Aperitivos a partir de elementos elaborados: embutidos y salazones, patés, etc.
- O las propias elaboraciones de cocina tradicional o actualizada tratadas como micrococina en distintos eventos y situaciones.

APERITIVOS FRÍOS

Recetas para cuatro personas

Ajoblanco (ligazón por pan)

Ingredientes:

- 100 g de almendra
- 2 dientes de ajo
- ½ l de agua
- 100 g de miga de pan
- 1 dl de aceite de oliva virgen
- ¼ dl de vinagre
- 1 dl de leche
- Sal

Elaboración:

- El pan se pone a remojo en la leche y el agua.
- Las almendras, el ajo y la sal se majan en mortero. Tras el majado, se añaden el pan remojado, el aceite y el vinagre y se tritura con la túrmix.
- Se sazona de sal al gusto.
- Se reserva durante unas horas en cámara frigorífica. Debe servirse bien frío.

Aplicaciones/observaciones:

- Se suele servir con uvas peladas como guarnición.

Ajoblanco.

Gazpacho (ligazón por pan)

Ingredientes:

- ¾ kg de tomate
- ¼ kg de pimiento verde
- ¼ kg de pepinos
- ¼ kg de cebolla
- 3 dientes de ajo
- 100 g de pan en rebanada
- 1 dl de agua
- 2 dl de aceite de oliva virgen extra
- ½ dl de vinagre
- Sal
- Jamón serrano para la guarnición

Elaboración:

- Limpiar y lavar las hortalizas, pelar los pepinos, escaldar y pelar el tomate.
- Trocear las hortalizas en *mirepoix*. Tostar el pan en el horno.
- Disponer todas las hortalizas en un recipiente alto, añadir el aceite, el vinagre, la sal y los ajos machacados.
- Incorporar el agua fría y dejar macerar el conjunto durante una hora.
- Triturar todas las hortalizas; debe resultar un puré muy fino. Rectificar de sazonamiento, añadir sal, aceite y vinagre al gusto.
- Reservar refrigerado unas 24 horas.
- Servir bien frío y con unos tacos de jamón como guarnición.

Aplicaciones/observaciones:

- Existen numerosas variaciones de esta receta, como son la adición de pimiento rojo y verde, comino, etc., e incluso frutas, como fresas, melón, sandía, etc.

- Dentro del grupo de los gazpachos podemos encontrar una alternativa como aperitivo en el salmorejo, decorándolo y guarneciéndolo con jamón y huevo picado, cebollino, etc.

Ensaladilla rusa

Ingredientes:

- 4 patatas
- 100 g de guisantes
- 50 g de judía verde
- 2 zanahorias
- 1 l de agua
- 8 espárragos
- 100 g de atún en aceite

- 25 g de aceitunas
- ½ cebolla
- 2 huevos cocidos
- 2 pimientos morrones asados
- 400 g de salsa mayonesa
- Aceite, vinagre y sal
- Perejil picado

Elaboración:

- Pelar las patatas, cortar en paisana y reservar en agua fría.

- Pelar las zanahorias, cortar en paisana.

- Picar la cebolla en *brunoise* y la judía verde en paisana.

- Cocer las patatas, las judías verdes, las zanahorias y los guisantes en agua con sal. Retirar por orden de dureza y dejar enfriar.

- Picar el huevo duro.

- En un bol, introducir las hortalizas hervidas, añadir la cebolla en *brunoise,* el atún desmigado, el huevo duro y las aceitunas. Condimentar con sal, vinagre y aceite.

- Añadir el perejil picado y la mayonesa, removiendo el conjunto. Dejar enfriar dos horas en cámara.

- Al emplatarlo, moldear en fuente o plato, decorar con tiras de pimiento asado y espárragos cocidos, o bien emplatar en cucharillas o cuencos para el servicio de aperitivos en pequeño formato.

Aplicaciones/observaciones:

- Puede enriquecerse con surimi o mariscos hervidos, huevas de pescado u otras hortalizas.

Ensaladilla rusa.

Escalibada (asado al horno)

Ingredientes:

- 2 berenjenas
- 2 pimientos rojos
- 1 cebolla
- 2 dientes de ajo
- 2 tomates
- 1 dl de aceite
- 1 chorro de vinagre
- Perejil picado
- Sal y pimienta

Elaboración:

- Lavar las berenjenas, los pimientos y los tomates, pelar las cebollas.
- En horno precalentado (180 °C) asar los pimientos, berenjenas, tomates, cebollas enteras y el ajo entero. Mantener en el horno durante una hora, dándoles la vuelta.
- Una vez asadas, pelar las berenjenas, los pimientos y los tomates. Desglasar la placa con el vinagre.
- Cortar todas las hortalizas en juliana, incluyendo las cebollas, retirando semillas y tallos. Pelar el ajo y machacarlo.
- Mezclar todos los ingredientes en un bol, sazonar con el ajo machacado, aceite, vinagre, sal, perejil picado y pimienta.

Aplicaciones/observaciones:

- Puede servirse caliente como guarnición, o fría como ensalada, en algunos casos acompañada de aceitunas negras.
- Opcionalmente, se puede sazonar con pasta de pimiento choricero.
- Suele emplearse en servicios de aperitivos en compañía de conservas de pescado en aceite, bacalao, escabeches, etc.

Ensalada de atún escabechado

Ingredientes:

- 100 g de atún en escabeche
- Hortalizas de escabeche
- Vinagre balsámico
- Sal Maldon
- *Lollo rosso,* berros, achicoria, brotes, etc.
- Tomate *cherry*

Elaboración:

- Escurrir el atún y las hortalizas del escabeche.
- Cortar la achicoria en juliana, escoger la *lollo rosso* y mezclar, disponiendo en el plato sobre un cortapastas.
- Sobre ellas, colocar las migas de atún y encima las hortalizas de escabeche.
- Salsear con emulsión del líquido de escabeche colado y emulsionado con vinagre balsámico.

Aplicaciones/observaciones:

- Se utiliza como primer plato o bien como aperitivo en menor cantidad en pequeños cuencos.
- Vigilar que el resultado final no sea demasiado ácido.

Esqueixada de bacalao

Ingredientes:

- 300 g de bacalao
- 1 pimiento rojo
- 1 pimiento verde
- 1 cebolla
- 24 aceitunas negras
- 1 dl de aceite virgen extra
- $1/3$ dl de vinagre
- Sal

Elaboración:

- El bacalao se deja desalar 24 horas en agua fría. Tras eso, se escurre y se desmiga.

- Las verduras se pican en juliana.

- Se mezclan las verduras, el bacalao y las aceitunas sin hueso; se aliña todo con el aceite y el vinagre, se rectifica de sal.

- Se emplata y se espolvorea con perejil picado.

Aplicaciones/observaciones:

- Se utiliza como primer plato o bien como aperitivo en menor cantidad en cuencos pequeños o cucharillas.

- Si se le añaden alubias blancas cocidas obtenemos otra elaboración conocida como *empedrat*.

Exqueixada de bacalao.

Ensaladilla de arroz y gambas

Ingredientes:

- 150 g de arroz
- Agua
- Sal y perejil
- 18 gambas
- 1 huevo cocido
- Zanahoria y lechuga en juliana
- Mayonesa

- Salsa rosa:
  - Mayonesa
  - Kétchup
  - *Brandy*
  - Zumo de naranja
  - Sal y pimienta
  - Salsa Perrins

Elaboración:

- Se ponen en un rondón 2 litros de agua y 20 g de sal gruesa. Cuando rompa a hervir se echa el arroz y se hace hervir a borbotones y destapado durante 20 minutos.
- Debe estar cocido, pero conservando los granos bien enteros y sueltos.
- Cuando se termine de cocer, se escurre bien y se refresca.
- Se mezcla el arroz con las gambas cocidas y picadas.
- Se añaden la zanahoria y la lechuga en juliana; se mezcla con mayonesa y se sazona con sal y perejil.
- Aparte se prepara una salsa rosa, mezclando la mayonesa, el kétchup y el *brandy*. Se remueve y se sazona con sal y pimienta. Al final añadimos la Perrins y el zumo de naranja para evitar que se corte la salsa.
- La ensaladilla se moldea; se salsea con la salsa rosa y se espolvorea con perejil picado.

Aplicaciones/observaciones:

- Se utiliza como primer plato o bien como aperitivo en menor cantidad en cucharillas o cuencos pequeños.
- Puede decorarse con huevas de pescado y brotes.

Huevos duros mimosa (hervido-concentración)

Ingredientes:

- 8 huevos
- 200 g de atún en aceite

- ½ cebolla
- 300 g de salsa mayonesa
- Sal y perejil

Elaboración:

- Los huevos se cuecen durante ocho minutos en agua hirviendo, retirando tras la cocción a agua fría para detener el hervor y pelar.
- Pelarlos, lavarlos y cortarlos a la mitad, extrayendo la yema, separando una de ellas.
- La yema se pica, y se forma una farsa junto a la yema picada y la cebolla en *brunoise*. Se mezcla con el atún en aceite desmigado.
- Se rellena con esta farsa la clara, disponiendo su mitad hacia arriba.
- Se cubre con mayonesa y se espolvorea con el resto de la yema picada, junto con algo de perejil.

Aplicaciones/observaciones:

- Puede naparse con bechamel, en lugar de mayonesa.
- En formato aperitivo suelen servirse sobre costrones de pan.

Pastel de marisco (cocción al vapor, baño maría-concentración)

Ingredientes:

- 500 g de marisco (carne de buey de mar, langostinos, centollo, etc.)
- 5 huevos
- ½ l de nata
- Kétchup
- Sal y pimienta

Elaboración:

- Cocer el marisco (centollo, buey de mar), o utilizarlo en crudo.
- Pasar por túrmix los cinco huevos, añadir el marisco y triturar todo junto.
- Añadir la nata y remover. Añadir kétchup, sal y pimienta al gusto.
- Disponer en un molde engrasado con aceite de girasol o mantequilla.
- Cocer al baño maría o en horno de vapor tapado, durante 45 minutos a 180 °C.
- Una vez cocido, introducir una puntilla: si el filo sale seco, el pudin está listo.
- Enfriar rápidamente.
- Para su servicio, retirar del molde, cortar y emplatar.

Aplicaciones/observaciones:

- Puede acompañarse con salsas mayonesa, rosa y tártara.
- En formato aperitivo puede servirse sobre tostas de pan o en cucharillas.

Salpicón de marisco (hervido-concentración)

Ingredientes:	• 500 g de cebolla
• 750 g de gambas	• 500 g de pimiento rojo
• 750 g de langostinos	• 4 o 5 huevos cocidos
• 750 g de rape	• Aceite de oliva, vinagre y sal
• 1 kg de mejillones	• Perejil

Elaboración:

• Cocer con agua, sal y una hoja de laurel los langostinos, las gambas y por último el rape. Los mejillones se cuecen al vapor.

• Pelar y cortar los langostinos y las gambas, trocear el rape y limpiar los mejillones.

• Cortar en láminas finas la cola de bogavante.

• Picar la cebolla, los pimientos, el perejil y los huevos duros, añadirlo al marisco y aliñar con vinagreta.

Aplicaciones/observaciones:

• Servir todo mezclado y muy frío en vasitos, pequeños cuencos o cucharillas.

• Se puede complementar con otras salsas como mayonesa y derivadas.

Salpicón de mariscos.

Pulpo a la vinagreta (hervido-concentración)

Ingredientes:

- 1 pulpo
- 1 hoja de laurel
- 1 cebolla
- Sal gruesa
- 1 cebolla
- ½ pimiento rojo

- ½ pimiento verde
- 2 dientes de ajo
- 1 huevo duro
- 2 dl de aceite de oliva virgen
- 0,75 dl de vinagre
- Sal fina y perejil

Elaboración:

- Se ablanda el pulpo antes de cocinarlo congelándolo durante dos días para romper la fibra mediante la transformación del agua del pulpo en cristales de hielo y su descongelación posterior (ruptura de las fibras).
- Una vez descongelado, retirarle la boca y lavarlo bien al chorro de agua fría.
- Calentamos abundante agua con sal y una cebolla en una marmita.
- Una vez que hierva, sumergir y levantar el pulpo varias veces para que se rice. Sumergir después en el agua hirviendo.
- La duración de la cocción depende del tamaño del pulpo; si pesa 2 kg, la cocción será de unos 50 minutos.
- Una vez cocido, se apaga el fuego y se deja reposar en el agua caliente unos 15 minutos, evitando que se retire la piel por el cambio de temperatura.
- Se prepara la salsa: se pican el ajo y todas las hortalizas en *brunoise* fina, disponiéndolas en un bol. Se añaden el aceite, el vinagre y la sal al gusto.
- Se pica el huevo muy fino y se incorpora a la preparación, así como el perejil picado.
- El pulpo se corta en rodajas y se añade a la vinagreta.
- Se deja reposar el conjunto durante dos horas en cámara y se sirve, espolvoreando con perejil picado.

Aplicaciones/observaciones:

- Esta preparación es la base del salpicón, pudiendo realizarse con cualquier marisco hervido.

Brick de morcilla con *coulis* de frutos rojos

Ingredientes:

- 1 morcilla tierna
- 4 láminas de pasta brick
- 100 g de frutos rojos
- 1 dl de agua

Elaboración:

- Retirar la piel de la morcilla y vaciar su contenido sobre un bol, separándolo y desmigándolo.
- Con esta carne se rellenan las hojas de brick.
- Se cierran con láminas de puerro en juliana escaldadas.
- Se hace el *coulis,* cociendo los frutos rojos en el agua, triturándolos y tamizándolos.
- Se hornea en el momento del servicio. Debe quedar crujiente.
- Se sirve acompañado del *coulis* de frutos rojos.

Aplicaciones/observaciones:

- Esta elaboración puede realizarse con cualquier tipo de morcilla.
- Puede sustituirse el *coulis* por compotas de manzana o pera.

Crema *vichyssoise* (ligazón por fécula de patata)

Ingredientes:

- ½ kg de puerro
- 150 g de patatas
- 100 g de mantequilla
- 1 l de fondo blanco de ave
- ½ l de nata líquida o leche
- Sal y pimienta negra

Elaboración:

- Limpiar de las hojas exteriores a los puerros. Retirar la parte verde y lavarlos. Trocearlos en medias rodajas finas.
- Pelar, lavar y trocear las patatas en batalla y reservar a remojo en agua.
- Rehogar el puerro en la mantequilla, con algo de sal para que sude; no debe tomar color.
- Añadir las patatas y el fondo blanco. Dejar cocer durante 45 minutos.

- Triturar y pasar por el chino, añadir la leche o la nata líquida y sazonar con sal y pimienta.

- Servir con cebollino picado.

Aplicaciones/observaciones:

- Esta crema puede servirse caliente o fría en pequeños cuencos o vasos al ser un aperitivo.

Crema *vichyssoise.*

Crema *parmentier* (ligazón por fécula de patata)

Ingredientes:

- 200 g de puerro
- 500 g de patatas
- 100 g de mantequilla
- 1 l de fondo blanco de ave
- ½ l de nata líquida o leche
- Sal y pimienta negra

Elaboración:

- Limpiar de las hojas exteriores a los puerros. En esta crema es conveniente utilizar la parte más verdosa, aunque también puede utilizarse la blanca.

- Lavarlos y trocearlos en medias rodajas finas.

- Pelar, lavar y trocear las patatas en batalla. Reservar a remojo en agua.

- Rehogar el puerro en la mantequilla, con algo de sal para que sude; no debe tomar color.
- Añadir las patatas y el fondo blanco. Dejar cocer durante 45 minutos.
- Triturar y pasar por el chino, añadir la leche o la nata líquida y sazonar con sal y pimienta.
- Laminar los dientes de ajo y dorarlos en el aceite de oliva.
- Retirarlos, añadir el bacalao y confitarlo a fuego medio, montando la salsa mediante movimiento circular obteniendo un pilpil ligero.
- Servir la crema en cuenco o vasito, terminar con lascas del bacalao y decorar con las láminas de ajo y perejil picado.

Aplicaciones/observaciones:

- Se diferencia de la crema *vichyssosise* en la cantidad de puerro y patatas utilizados.

Crema (bisqué) de marisco (ligazón por almidón)

Ingredientes:

- ¼ kg de nécoras, cigalas u otro marisco
- 1 l de *fumet* de pescado o de crustáceos
- 150 g de cebolla
- 150 g de puerro
- 150 g de zanahoria
- 500 g de tomate maduro
- 2 dientes de ajo
- 1 dl de aceite
- 20 g de fécula o almidón
- 2 dl de vino blanco
- 1 dl de *brandy*
- Pimentón
- Sal, perejil picado y pimienta de cayena
- 2 dl de nata

Elaboración:

- Lavar las hortalizas y picarlas en *mirepoix*. Picar el ajo en *brunoise* fina.
- Escaldar el tomate y picar en *concasée*.
- Rehogar el ajo en el aceite, añadir las hortalizas y rehogar el conjunto añadiendo algo de sal para que suden.
- Añadir el tomate, el pimentón y la pimienta de cayena. Rehogar de nuevo e incorporar el *fumet;* seguir cociendo.

- Cortar las nécoras en cuatro partes, o bien utilizar cabezas y cáscaras de otros mariscos. Saltear en aceite, flambear con *brandy* y añadir el vino blanco. Retirar del fuego y triturar.

- Añadir los mariscos triturados a las hortalizas y al *fumet*. Tras 30 minutos de cocción, triturar con la túrmix y pasar por el chino.

- Añadir el almidón o fécula diluida en líquido frío y cocer sin dejar de remover para que vaya espesando con el almidón.

- Una vez espesa, pasar por el chino, sazonar con sal y perejil picado y aligerar con nata.

Aplicaciones/observaciones:

- Se puede realizar con cualquier tipo de crustáceos, especificando su denominación.

- En servicio de aperitivos suele servirse en vasitos, acompañado de colas de marisco picadas y salteadas o colas enteras elaboradas a la plancha o fritas.

Crema de setas (ligazón por *roux*: crema *velouté*)

Ingredientes:

- 300 g de setas variadas
- 1 l de agua
- 1 cucharada de harina
- ½ limón
- ½ l de leche

- ½ l de fondo blanco
- 60 g de mantequilla
- 60 g de harina
- Sal y pimienta blanca
- 1 yema de huevo
- Perejil picado

Elaboración:

- Se prepara el fondo blanco.

- Limpiamos las setas y las fileteamos. Reservamos una pequeña parte de las mismas.

- Se prepara el *roux* blanco, fundiendo la mantequilla y añadiendo la harina. Se retira del fuego y se añade el fondo blanco caliente, sin dejar de remover.

- Añadimos la leche caliente, las setas y se lleva de nuevo al fuego, removiendo constantemente; cocer al menos durante diez minutos.

- Se tritura el conjunto (se puede refinar pasándolo por el chino) y se lleva de nuevo al fuego.
- Se le da el espesor deseado, se sazona con la sal y la pimienta, y se añaden las setas reservadas cocidas y picadas en *brunoise* muy fina.
- Se sirve caliente, al pase se añade una yema de huevo y se remueve. Se decora con seta laminada.

Aplicaciones/observaciones:

- Se puede refinar con nata líquida.
- En servicio de aperitivos suele servirse en pequeños cuencos o vasos.
- En algunas ocasiones se guarnece con fuagrás o con taquitos de jamón.
- Puede realizarse con algún tipo se seta específico en lugar de mezclas, con lo cual llevará el nombre de la misma: crema de boletus, crema de senderuelas, etc.
- Si se desea más espesa, puede formar parte del relleno de volovanes o como masa de elaboración de croquetas.

Crema de setas.

Crema de mejillones al curri (ligazón por *roux:* crema *velouté*)

Ingredientes:

- 1,5 kg de mejillones
- 100 g de mantequilla
- 250 g de tomate
- 1 cebolla
- 1 copa de coñac
- 25 g de harina
- ½ l de leche
- Sal y curri

Elaboración:

- Se limpian los mejillones y se disponen en un poco de agua, calentando el recipiente tapado hasta que se abran; ya abiertos, se sacan de las cáscaras y se cortan en trocitos: el líquido de cocción se reserva.
- En una cacerola se dispone la mantequilla, se añade la cebolla picada muy fina y se dora.
- Agregamos la harina, dejándola dorar sin dejar de remover.
- Se incorporan los tomates limpios y cortados, el coñac y el jugo de los mejillones.
- Se deja hervir hasta que quede reducido y se va echando poco a poco la leche, se sazona de sal y se pasa por la túrmix; se hierve de nuevo y se incluyen los trozos de mejillones.
- Se saboriza con curri al gusto.

Aplicaciones/observaciones:

- Se puede refinar con nata líquida o leche.
- En servicios de aperitivos se suele servir en cuencos o vasitos, decorado con trozos de mejillón picados y brotes.

Cebollitas rellenas (guisado)

Ingredientes:

- 8 cebollitas francesas
- 250 g de atún en aceite
- 2 dientes de ajo
- ¼ kg de tomate

- 1 c/s de harina
- 1,5 l de *fumet*
- 2 dl de aceite
- Perejil picado

Elaboración:

- Pelar las cebollitas, dar un corte a la parte superior y vaciar con cucharilla sacabocados hasta dejar dos capas de grosor para que no se rompan durante el guiso.
- Picar la cebolla retirada en *mirepoix* y rehogar la mitad en aceite junto con el ajo.
- Una vez esté tierna la cebolla, se le añade el tomate rallado, se deja sofreír y se incorpora el atún bien escurrido de aceite.
- Una vez está la farsa hecha, se rellenan las cebollas, se enharinan y se fríen. Se reservan.

- Aparte, se elabora la salsa rehogando la cebolla restante, añadiendo la otra mitad del tomate y, una vez esté sofrito, se incorpora la cucharada de harina y se rehoga de nuevo. Se le agrega el *fumet,* se deja hervir y reducir y se tritura. Se tamiza y se sazona la salsa al gusto.

- Se disponen las cebollitas en un rondón, muy juntas para evitar que se volteen, y se cubren con la salsa.

- Se deja cocer el conjunto a fuego lento 1,5 horas.

Aplicaciones/observaciones:

- Pueden rellenarse con carne guisada, carne de caza, marisco, etc., o bien reforzar el relleno con huevo duro picado.

- En servicio de aperitivo suelen servirse en cucharilla o cuenco pequeño.

Brandada de bacalao (glaseado-concentración)

Ingredientes:

- ½ kg de bacalao
- ¾ l de aceite de oliva
- 1 dl de leche entera o nata
- 2 dientes de ajo
- Sal al gusto
- Costrones de pan

Elaboración:

- Desalar el bacalao entre 24 y 48 horas. Desmigarlo.

- Calentar el aceite y dorar los ajos machacados, laminados o picados (si se machacan, es para dar sabor al aceite).

- Añadir el bacalao y trabajarlo con espátula de forma que quede una pasta homogénea y blanquecina. Puede echarse algo de nata líquida para darle más cremosidad.

- Disponer sobre costrones de pan y glasear en salamandra.

- Puede acompañarse de anchoa o tapenade (puré de olivas y aceite).

Aplicaciones/observaciones:

- Añadiendo 1 kg de puré de patata a estas cantidades se obtiene un bacalao *benedictine* o ajoarriero manchego, que se utiliza para rellenos y glaseados.

- Puede emplatarse en pequeños cuencos acompañado de costrones de pan.

Tostas con brandada de bacalao.

Brick de centollo y buey de mar (hervido, asado al horno-concentración)

Ingredientes:

- 1 centollo
- 1 buey de mar
- 1 huevo cocido
- 4 láminas de pasta brick
- Salsa americana-bisqué (opcional)

Elaboración:

- Cocer el centollo y el buey de mar por debajo de su punto (15 minutos por kg) en agua hirviendo con abundante sal.
- Escoger su carne, las partes blancas y fibrosas, reservando el coral.
- Esta carne se escurre para eliminar su agua, se une al huevo picado y con ella se rellenan las hojas de brick cortadas en cuadrados del tamaño deseado.
- Se envuelven en forma de cigarrillo y se cierran plegando sus extremos.
- Se hornea en el momento del servicio. Debe quedar crujiente.

Aplicaciones/observaciones:

- Esta elaboración puede realizarse con cualquier tipo de crustáceo.
- Pueden servirse aislados como bocado de mano, o bien con una base de salsa americana o bisqué en el fondo de un cuenco o vasito para que actúe como salsa de los bricks.

Terrina de hígado (baño maría)

Ingredientes:	• 2 huevos
• 500 g de hígado de cerdo	• 1 copita de coñac
• 250 g de tocino blanco fresco	• 1 hoja de laurel
• 2 trufas	• Sal y pimienta

Elaboración:

- Picar el hígado y el tocino.
- Añadir las trufas bien picadas, los huevos batidos, el coñac y la hoja de laurel.
- Mezclar bien y sazonar con sal y pimienta.
- Engrasar una terrina con manteca de cerdo y poner la mezcla dentro.
- Presionar con el dorso de una cuchara, igualar la superficie y tapar con papel de aluminio.
- Cocer al baño maría, a horno moderado durante 90 minutos aproximadamente.
- Dejar enfriar a temperatura ambiente poniendo un peso encima y luego introducirlo en cámara.
- Una vez frío, desmoldar y servir.

Aplicaciones/observaciones:

- Servir con tostas de pan, salseado con glasa de carne caliente o salsas agridulces.
- Es conveniente templarlo ligeramente inmediatamente antes del servicio.

TAPAS Y RACIONES

Como en el caso de los aperitivos, en este apartado se incluyen algunos ejemplos de tapas y raciones que suelen ser ofrecidos en establecimientos de cocina tradicional española.

De esta manera, su variedad depende de la región geográfica y la oferta hostelera del establecimiento, de la imaginación de los responsables de cocina y del tipo de clientela a la que se ofrece.

Tratándose de una pequeña muestra de tapas y raciones de uso habitual, debemos tener en cuenta dos aspectos:

- Algunos establecimientos ofrecen como tapas o raciones elaboraciones de aperitivos en mayor formato como ensaladillas, salpicones, etc., e incluso formatos más pequeños de elaboraciones de carta o menú, como albóndigas, revueltos o potajes.

- Debe tenerse en cuenta la variedad actual de propuestas gastronómicas que hace que esta oferta se vea enriquecida: restaurantes de cocina regional e internacional, cocina tradicional o de vanguardia, oferta de elaboraciones en conserva, etc.

Champiñones empanados (fritura)

Ingredientes:

• 24 champiñones	• Huevo
• Harina	• Pan rallado

Elaboración:

- Cocer los champiñones en su jugo con limón y mantequilla.
- Cortar en cuartos.
- Empanarlos a la inglesa.
- Freír a la gran fritura a 160-180 ºC.
- Escurrir y retirar a fuente con papel de cocina para absorber la grasa sobrante.
- Deberá resultar crujiente y sin grasa en el interior, por lo que el aceite deberá estar caliente.

Aplicaciones/observaciones:

- Antes de empanarse, pueden vaciarse y rellenarse con alguna farsa que incluya bechamel.

Champiñones o setas al ajillo (salteado)

Ingredientes:

• 24 champiñones grandes o setas	• 1 guindilla pequeña
	• ½ dl de aceite
• 3 dientes de ajo	• Perejil picado
	• Sal

Elaboración:

- Los champiñones se limpian. Opcionalmente se blanquean en caldo blanco.
- Se pica el ajo en láminas.
- En una *sauté,* calentamos el aceite, añadimos el ajo y la cayena picada.
- Una vez dorado, añadimos los champiñones, removiendo y salteando. Añadimos sal.
- Al emplatarlos, se espolvorean con perejil picado.

Aplicaciones/observaciones:

- Pueden utilizarse como plato independiente, como base de un revuelto o como guarnición.
- En algunas ocasiones se añade jamón picado o gambas al salteado.

Champiñones al ajillo.

Pimientos rellenos de carne (glaseado)

Ingredientes:

- 12 pimientos del piquillo
- ½ kg de carne picada de ternera o cerdo
- 1 dl de aceite de oliva
- 100 g de harina

- 2 dientes de ajo
- ¼ l de salsa vizcaína o salsa de tomate
- ½ cebolla
- ½ l de salsa bechamel
- Sal y pimienta

Elaboración:

- La carne se saltea en aceite caliente con ajo picado. Se salpimienta.

- En ese aceite se sofríe la cebolla.

- Hacemos una bechamel espesa y añadimos parte a la mezcla.

- Con ella rellenamos los pimientos, los pasamos por harina y huevo y los freímos.

- Se colocan en una cazuela de barro o placa de horno sobre la salsa, se napan con la bechamel y se hornean.

Aplicaciones/observaciones:

- Sobre la misma base, pueden rellenarse de bacalao, marisco, verduras, etc., utilizando bechamel en la elaboración.

- Pueden utilizarse como relleno distintos guisos de carne desmigados y utilizando la salsa del guiso como base de la elaboración.

- Si el relleno no es muy compacto, pueden rebozarse y freírse antes del glaseado.

Huevos al plato a la flamenca (cocción al horno-concentración)

Ingredientes·

- 8 huevos
- 8 rodajas de chorizo
- 1 cebolla
- Aceite de oliva
- 100 g de jamón
- 50 g de judías verdes
- 1 dl de salsa de tomate
- 50 g de guisantes
- 4 espárragos
- 1 pimiento morrón
- 150 g de patata
- 1 dl de fondo de carne
- Sal, pimienta y perejil

Elaboración:

- En una sartén, con el aceite, se sofríe la cebolla, picada fina.

- Una vez que comience a dorarse, se añade el jamón cortado a daditos, las patatas cortadas en paisana y se fríen.

- Cuando las patatas estén bien doradas, se agregan el puré de tomate, las judías, los guisantes, el pimiento morrón a trozos, los espárragos cortados y el fondo de carne, se salpimienta y se mantiene la cocción durante cinco minutos.

- La salsa de distribuye en cazuelas adaptadas para horno, se dispone un huevo en el centro de cada cazuela.

- El huevo se acompaña con los trozos de chorizo, se espolvorea con sal y perejil picado y se cuecen al horno durante cinco minutos.

Aplicaciones/observaciones:

- Puede realizarse con nata en lugar de tomate, acompañar con beicon y no jamón.

Huevos escalfados chimay (escalfado, glaseado-mixto)

Ingredientes:

- 8 huevos
- ½ dl de vinagre
- 60 g de harina
- 60 g de mantequilla
- 1 l de leche
- 150 g de champiñones laminados
- 75 g de queso rallado
- 1 cebolla
- Aceite
- Perejil picado
- Sal, pimienta y nuez moscada

Elaboración:

- Preparar un recipiente plano, Gastronorm o *sauté,* con agua acidulada con vinagre. Llevar al hervor y controlar la temperatura hasta que baje a 65 ºC.

- Añadir los huevos cascados, uno a uno, y escalfar durante 11 minutos; retirar a agua fría y reservar.

- Pochar la cebolla en juliana en el aceite caliente, añadiendo algo de sal para que sude. Una vez transparente y algo dorada, retirar y escurrir. Sazonar con perejil fresco picado.

- Preparar la bechamel con *roux* blanco y leche; una vez cocida, retirar del fuego, añadir el queso rallado y la yema obteniendo una salsa mornay. Sazonar con sal, nuez moscada y pimienta.

- Para la terminación, disponer sobre cazuela el rehogado de cebolla, los champiñones laminados y los huevos, napar con la mornay y glasear en salamandra, hasta que resulten dorados.

Aplicaciones/observaciones:

- Puede realizarse un costrón de pan frito para colocar como base de la elaboración en la cazuela.

- El rehogado de cebolla puede acompañarse con beicon o jamón.
- Se puede realizar con huevo cocido, en ese caso, la cebolla y los champiñones se rehogan en *brunoise,* mezclándolos con la yema triturada, rellenando las claras y glaseando el conjunto.

Tortilla rellena de pisto (frito, pochado-estofado-concentración, mixta)

Ingredientes:

- 8 huevos
- ¼ dl de aceite
- Perejil picado
- Pisto:
  - ½ dl de aceite de oliva
  - 2 calabacines de tamaño mediano

- 2 pimientos verdes italianos
- 1 pimiento rojo
- 1 kg de tomates maduros
- 1 cebolla
- 2 dientes de ajo
- Pimentón
- Sal y una pizca de azúcar

Elaboración:

Elaboración del pisto:

- Picar la cebolla y el ajo en *brunoise.*
- Lavar los pimientos, abrirlos, retirar las semillas y su parte blanca.
- Poner el aceite en una sartén y calentar a fuego medio.
- Añadir los pimientos, ajo y cebolla picados en la sartén, a fuego lento, y remover de vez en cuando para que no se quemen.
- Cortar los calabacines en paisana, sin pelar. Añadir a la cebolla y pimiento, remover hasta que el conjunto resulte tierno.
- Añadir sal al conjunto y pimentón.
- Picar el tomate en *concassé,* previamente escaldado, y añadir al estofado. Añadir el azúcar para suavizar la acidez.
- Es importante que en todo momento la cocción sea lenta y con el recipiente tapado, aprovechando los jugos de las hortalizas.

Elaboración de la tortilla:

- Batir los huevos uno a uno, añadiendo sobre el aceite caliente.
- Hacer por una cara, levantar y terminar por la otra cara.

Terminación:

- Disponer las tortillas, cubrir con el pisto caliente y enrollar.
- Servir espolvoreando con perejil picado.

Aplicaciones/observaciones:

- Puede rellenarse con cualquier otro tipo de elaboración, caliente o fría.
- Puede glasearse con salsa mornay u otras derivadas de la bechamel para su servicio en caliente o con mayonesa y derivadas para su servicio en frío.

Tortilla española (pochado, frito-mixta)

Ingredientes:	• ½ cebolla
• 4 huevos	• ½ l de aceite de oliva
• ½ kg de patatas	• Sal

Elaboración:

- Lavar y cortar las patatas en láminas finas, reservando en agua fría.
- Una vez puesto el aceite a calentar, se añade la cebolla en *brunoise* y sal para que sude.
- Se añaden las patatas una vez pochada la cebolla, añadiendo un poco de sal y se pochan tapadas. Aplastar con pala de fibra mientras se realiza la operación.
- Una vez estén tiernas, escurrir en chino y reservar.
- Batir los huevos, añadir el pochado de patatas y cebolla, sazonar de sal al gusto y remover muy bien.
- Poner a fuego la sartén, con el aceite residual del pochado; añadir la mezcla de patatas, cebolla y huevo, moviendo la sartén, y deshaciéndola en el centro mientras se moldea en los bordes, para que se vaya cocinando.
- Dar la vuelta a la tortilla con ayuda de un plato, hacer por la otra cara, moldeando los bordes.
- Emplatar y servir.

Aplicaciones/observaciones:

- Sobre esta base pueden añadirse otros ingrediente, como ajo, chorizo, atún, etc.
- Una vez fría, puede cortarse a la mitad y rellenarse de elaboraciones frías como ensaladillas, fiambres, etc., e incluso terminarse en diversas salsas.

Tortilla española.

Albóndigas de pescado (guisado-mixto)

Ingredientes:

- ½ kg de salmón
- ½ kg de bacalao
- 50 g de pan rallado
- 1 o 2 huevos
- Pasta de ajo, perejil picado, sal
- Aceite de oliva para freír
- Salsa verde:
  - 3 dientes de ajo

- Perejil
- 10 g de harina
- 2 dl de *fumet*
- 1 dl de vino blanco
- 100 g de guisantes
- 200 g de almejas
- Cayena
- Sal

Elaboración:

- Picar el bacalao y el salmón sin piel ni espinas muy fino a cuchillo. Sazonar con sal, pasta de ajo y perejil.

- Mezclar con el huevo y el pan rallado, formar las albóndigas, enharinarlas y freirlas en aceite muy caliente, reservarlas.

- El ajo se pica muy fino (se puede usar pasta de ajo). En una sartén se dispone el aceite y se doran a fuego los ajos y la cayena picada; se añade entonces la harina, removiendo con una cuchara de fibra.

- Se añade el *fumet* y el perejil picado y se deja reducir, removiendo para que no se formen grumos.
- Se pasa por el chino, se sazona y se reserva.
- Se añade a las albóndigas, se hierven y se sirven.

Aplicaciones/observaciones:

- Se puede realizar con cualquier tipo de pescado.

Oreja con jamón (hervido, guisado-mixto)

Ingredientes:	
• 4 orejas de cerdo	• Aceite
• 2 cebollas	• Pan tostado
• 2 dientes de ajo	• Pimentón
• 2 lonchas de jamón	• Sal
• Perejil	• Vino blanco
	• Fondo blanco muy gelatinoso

Elaboración:

- Se limpian las orejas y se blanquean varias veces. Se cuecen durante 3 horas.
- Una vez estén tiernas, se cortan en tiras.
- Se doran en aceite el ajo picado muy fino y la cayena. Se añade la cebolla en *brunoise* y se deja hasta que tome color. Se agrega el pimentón.
- En mortero se maja el pan tostado con el perejil y el vino banco. Se incorpora el majado a las verduras.
- Se añade al fondo y se deja cocer hasta que espese. Una vez espesado, se pasa por el chino.
- Se incluyen la oreja y el jamón cortado en tacos y se deja reducir durante una media hora.

Aplicaciones/observaciones:

- Se puede realizar también añadiendo chorizo en rodajas.

Callos a la asturiana (hervido, guisado-mixto)

Ingredientes:

- 1 callada de vaca
- 4 manos de cerdo
- 2 patas de ternera
- 500 g de jamón
- Ajo, cebolla, guindilla, pimentón, laurel
- Aceite y pan

Elaboración:

- Se limpia el estómago con agua y vinagre, raspando con un cepillo, de manera exhaustiva.
- Se blanquea el estómago tres veces, desechando el líquido de cocción. Tras la tercera cocción se cuece hasta que resulte tierna, junto con una cebolla, una zanahoria, laurel y perejil. Una vez tierna, se deja enfriar y se pica muy fina.
- Las manos y patas se queman, retirando los pelos, se blanquean dos veces y se cuecen prolongadamente junto con laurel, perejil, zanahoria y cebolla. Una vez tiernas, se deshuesan y se pican muy finas.
- El jamón se pica en taquitos.
- Se prepara el sofrito, rehogando el ajo, la cebolla y la guindilla en *brunoise,* se añade una vez dorado el pimentón y el pan cortado muy fino. Se deja dorar el pan y cubrimos con la gelatina de cocción de patas y manos.
- En un rondón, disponemos la callada picada, las manos y patas picadas, el jamón, el sofrito colado y cubrimos con la gelatina sobrante de manos y patas.
- Se hierve prolongadamente, hasta que tome consistencia untuosa y se rectifica de sal.

Aplicaciones/observaciones:

- Se le puede añadir algo de magro de cerdo en taquitos, morro, oreja, etc.
- En ocasiones podemos encontrarlos en otras tapas y raciones como garbanzos con callos.
- Se diferencian de los callos a la madrileña en que estos emplean además de los ingredientes citados, morcilla y chorizo.

Callos a la asturiana.

Riñones al jerez (salteado con salsa-mixto)

Ingredientes:	• 1 dl de agua
• 750 g de riñones de cerdo	• 1 dl de vino de jerez
• 3 cucharadas de aceite de oliva virgen	• ½ cucharadita de pimentón dulce
• 1 cebolla pequeña	• Pimienta negra
• 2 cebolletas	• Sal
• 2 dientes de ajo	• Perejil picado
• 2 cucharaditas de harina	• Opcional: guindilla

Elaboración:

- Para limpiarlos adecuadamente, cortarlos en rodajas y ponerlos dentro de un recipiente con un vaso de agua, un puñado de sal y 2 dl de vinagre. Mantenerlos así durante unos 15 minutos. Tras este proceso, blanquearlos en agua.

- Pasar los riñones a un colador y lavarlos bien con abundante agua.

- En un mortero colocar un poco de sal y los ajos y el perejil. Al majarlo, debe resultar una pasta.

- Colocar el aceite de oliva en una sartén y añadir la cebolla y la cebolleta bien picadas. Cuando estén trasparentes, incorporar los riñones y darles unas vueltas.

- Agregar la pimienta, la guindilla (opcional), el pimentón y la harina. Seguir dándole unas vueltas y mojar (incorporar) con el agua e incluir el majado de ajo y perejil.

- Mover el conjunto y dejarlo cocer de a cinco a ocho minutos. El jerez se les añade justo antes de servirlos.

Aplicaciones/observaciones:

- Servir con guarnición de arroz pilaf.

Hígado encebollado (salteado con salsa-mixto)

Ingredientes:	
• 2 filetes de hígado	• ½ dl de aceite de oliva virgen
• ½ kg de cebolla	• Pimienta
• Harina	• Sal

Elaboración:

- Cortamos la cebolla en juliana.
- Cubrimos de aceite el fondo de una sartén, agregamos la cebolla, sazonamos y rehogamos a fuego muy suave hasta que esté tierna.
- Pasamos la mitad de la cebolla a una cacerola de barro.
- Cortamos los filetes de hígado en trozos cuadrados. Sazonamos con sal y pimienta, enharinamos y freímos en una sartén con muy poco aceite.
- Pasamos los filetes de hígado a la cazuela de barro y cubrimos con la otra mitad de la cebolla, calentamos y, antes de que empiece a hervir, retiramos del fuego.

Aplicaciones/observaciones:

- Suele utilizarse hígado de ternera.

Morros de ternera con salsa vizcaína (hervido, guisado-mixto)

Ingredientes:

- 1 morro de ternera
- 1 cebolla
- 2 zanahorias
- 2 puerros
- 1 chalota
- 1 cabeza de ajo
- 3 clavos
- Pimienta negra en grano, perejil, albahaca
- 1 tomate muy maduro
- 100 g de pan rallado
- 100 g de harina
- 1 huevo
- 2 dl de aceite de oliva
- Agua y sal

- Salsa vizcaína:
  - ½ kg de cebolla
  - 10 pimientos choriceros
  - 1 cabeza de ajo
  - 50 g de tocino
  - 1 hueso de jamón
  - 1 dl de agua de cocción de los morros
  - 1 dl de salsa de tomate natural
  - Rama de romero
  - 2 dl de aceite de oliva
  - Sal
- Guarnición:
  - Cebollitas glaseadas
  - Perifollo, albahaca y romero

Elaboración:

- Se limpian bien los morros y se disponen en rondón a fuego en una cazuela alta bien cubiertos de agua fría. Cuando rompa a hervir se retiran y se refrescan en agua fría.

Se disponen de nuevo en cazuela cubiertos con agua con toda la verdura troceada, las especias, las hierbas y la sal correspondiente. Se retira la espuma de la superficie y se cuece lentamente durante unas cuatro horas hasta que estén muy tiernos. Se retiran del caldo y se dejan enfriar. Se reserva un poco del caldo.

- Para la salsa, abrimos los pimientos choriceros y les retiramos las pepitas. Se dejan en remojo en agua tibia (mejor unas 24 horas). Después se blanquean.

- Se coloca un rondón a fuego suave con el aceite, la cebolla bien picada, el hueso de jamón, el tocino y los ajos machacados toscamente.

- Se dejan pochar las verduras lentamente durante unas dos horas a fuego mínimo, entonces se pasa todo por un pasapuré o túrmix (excepto el tocino y el hueso). Se pasan también los pimientos choriceros, que se suman al puré anterior. Se añade caldo de la cocción de los morros para obtener una salsa más ligera y el tomate. Se agrega el romero y se le da un último hervor, colándolo de nuevo.

- Se trocean los morros a lo largo en unos 8 trozos cada uno, se sazonan ligeramente y se pasan por harina, huevo batido y el pan rallado.

- Freírlos hasta que tomen color y escurrirlos en un papel absorbente.

- Decorar con las cebollitas glaseadas y salsear con la vizcaína.

Aplicaciones/observaciones:

- Se pueden sustituir los morros de ternera por los de cerdo, pero estos se suelen comercializar en salazón y es necesario desalarlos.

- Los morros empanados y fritos pueden guisarse en la salsa vizcaína.

Pollo al ajillo (frito con poca grasa-concentración)

Ingredientes:	
- ½ pollo troceado	- 4 dientes de ajo
- 2 dientes de ajo, sal y perejil	- Perejil
- 2 dl de aceite	- Sal
	- ½ dl de vino blanco

Elaboración:

- En mortero, majar 2 dientes de ajo, sal, aceite y la mitad del vino blanco.

- Adobar con la mezcla los trozos de pollo y dejar en el adobo durante, al menos, seis horas.

- Cortar el resto de ajo en láminas y picar el perejil.

- Para comenzar la elaboración, retirar el pollo del adobo, limpiar y freír en abundante aceite caliente; debiendo resultar dorado.

- En el resto de aceite, dorar el ajo, añadir el perejil y, fuera del fuego, incorporar unas gotas de vino blanco.

- Añadir el refrito sobre el pollo en el plato.

Aplicaciones/observaciones:

- Acompañar con guarnición de patata española frita.

Pollo al ajillo.

Brochetas de cerdo en adobo (asado en plancha-concentración)

Ingredientes:

- 400 g de carne de cerdo
- 1 pimiento rojo
- 1 pimiento verde
- 4 tomates *cherry*

- 1 cebolla
- 1 diente de ajo
- 1 cucharada de pimentón
- Sal, aceite, orégano y pimienta

Elaboración:

- Preparar un adobo oscuro, majando en mortero el ajo, junto con la sal, el orégano y la pimienta. Añadir el aceite.

- Cortar la carne en taquitos y las hortalizas en *mirepoix* regular.
- Sazonar la carne con el adobo e introducir en brochetas, alternando carne y hortalizas.
- Disponer en recipiente hondo y cubrir con el adobo restante. Dejar macerar durante 24 horas.
- Para su preparación, retirar del adobo y hacer en plancha bien caliente por todas sus caras sazonando con sal al momento.

Aplicaciones/observaciones:

- Puede acompañarse con guarniciones a base de patata frita.

Pulpo a la gallega (hervido-concentración)

Ingredientes:

- 1 pulpo
- ½ kg de patatas
- 1 cebolla
- 2 dl de aceite de oliva virgen extra
- 2 cucharaditas de pimentón dulce
- 2 cucharaditas de pimentón picante
- 1 hoja de laurel
- Sal gruesa

Elaboración:

- Se ablanda el pulpo antes de cocinarlo congelándolo durante dos días para romper la fibra mediante la transformación del agua del pulpo en cristales de hielo y su descongelación posterior (ruptura de las fibras).
- Una vez descongelado, retirarle la boca y lavarlo bien al chorro de agua fría.
- Calentamos abundante agua con sal y una cebolla en una marmita.
- Una vez que hierva, sumergir y levantar el pulpo varias veces para que se rice. Sumergir después en el agua hirviendo.
- La duración de la cocción depende del tamaño del pulpo; si pesa 2 kg, la cocción será de unos 50 minutos.
- Una vez cocido, se apaga el fuego y se deja reposar en el agua caliente unos 15 minutos, evitando que se retire la piel por el cambio de temperatura.
- En agua aparte, con cebolla y laurel, cocemos las patatas cortadas en cachelos durante 25 minutos. Una vez tiernas, retirar.
- Cortar el pulpo en rodajas, emplatar junto a las patatas y sazonar con aceite, sal y pimentón.

Calamares fritos (frito con protección-concentración)

Ingredientes:

• ¾ kg de calamares

• Harina para enharinar

• Aceite de oliva para freír

• Sal al gusto

• 1 limón

Elaboración:

• Limpiar y lavar los calamares; retirarles la pluma y cortar en aros.

• Sazonar con sal (opcionalmente puede adobarse con una mezcla de ajo picado, sal y perejil).

• Pasar por harina, pasando por cedazo para eliminar el exceso de harina.

• Freír en abundante aceite caliente, a la gran fritura, hasta que resulten dorados.

• Retirar sobre papel de cocina para evitar el exceso de grasa y emplatar.

• Acompañar con cuartos de limón.

Aplicaciones/observaciones:

• Esta elaboración puede realizarse con cualquier tipo de cefalópodo; chipirón, rejos de pulpo o de sepia, etc.

• Aparte del enharinado con harina de trigo, admiten también la de garbanzo (fritura andaluza), el rebozado, el empanado o el empleo de masas de fritura como la orly y la tempura, como también son adecuadas en la fritura de pescados, como bacalao, rape o merluza.

Mejillones a la marinera (guisado-mixta)

Ingredientes:

• 1,5 kg de mejillón

• 1 diente de ajo

• 1 dl de salsa de tomate

• ½ dl de aceite de oliva

• 1 cebolla

• 1 dl de vino blanco

• Pimentón, sal y perejil

Elaboración:

- Limpiar los mejillones, retirando los elementos adheridos a la concha y lavar al chorro de agua fría.
- Se abren al vapor, colocando en un poco de agua fría, en marmita, y llevando a ebullición, tapados.
- Una vez cocidos, retirar una concha y reservar.
- Picar el ajo y cebolla en *brunoise,* rehogar en aceite de oliva, añadir la salsa de tomate y dejar reducir.
- Sazonar con el perejil y el pimentón, añadir el vino y reducir.
- Añadir los mejillones hervidos a la salsa, dar un hervor y servir espolvoreando con perejil picado.

Aplicaciones/observaciones:

- Se puede incluir en la elaboración guindilla o un chorro de jerez.

Almejas en salsa verde (guisado-mixta)

Ingredientes:

- 1,5 kg de almejas
- 2 dientes de ajo
- 1 dl de aceite
- ½ l de *fumet*
- 1 dl de vino blanco
- 1 guindilla
- Perejil
- Sal

Elaboración:

- Limpiar las almejas, deben haberse remojado en agua fría con sal para que se abran y pierdan la arena, al chorro de agua fría.
- Picar el ajo en *brunoise* y rehogarlo en el aceite, junto con la guindilla picada. Añadir la harina y rehogar sobre fuego.
- Agregar el vino y dejar reducir, echar el *fumet* caliente y cocer durante diez minutos, removiendo sin parar para que no forme grumos.
- Incorporar el perejil picado, cocer durante diez minutos más y pasar por el chino.
- Abrir las almejas al vapor en vino blanco. Sumar la salsa y terminar la cocción.
- Servir, espolvoreadas con perejil picado.

Aplicaciones/observaciones:

- Se puede realizar con cualquier tipo de molusco.

PLATOS COMBINADOS

A continuación se ofrecen unas recetas-tipo de platos combinados, que, a modo de ejemplo, están sujetos a diferentes combinaciones por parte del ejecutante, basadas en las técnicas culinarias, salsas y guarniciones explicadas anteriormente en este manual.

Como en el caso de aperitivos, tapas y raciones, las realizaciones de platos combinados deben ajustarse a la oferta del establecimiento, tipo de clientela e imaginación del equipo de cocina que participe en su diseño.

Fritos de merluza, huevo y queso (fritura-concentración)

Ingredientes:	
• 2 filetes de merluza	• 100 g de harina
• 2 huevos duros	• ½ l de aceite de girasol
• 120 g de queso tipo manchego	• Sal y pimienta
• 2 huevos	• Perejil picado para decorar y rodajas de limón

Elaboración:

• Cortamos cada filete de merluza en dos trozos y los sazonamos, los pasamos por harina y huevo batido, y los freímos en aceite caliente, retirando después sobre papel de cocina para absorber el exceso de grasa.

- Cortamos en cuatro trozos los huevos duros, los pasamos por harina y huevo y los freímos, repitiendo la misma operación sobre el papel de cocina.
- El queso lo cortamos en cuatro trozos, los pasamos por harina y huevo, los freímos (mejor congelados previamente) y retiramos sobre papel de cocina.
- Emplatamos, disponiendo la merluza frita, dos trozos de huevo por persona y el queso.
- Podemos acompañar con mayonesa, salsa tártara o alioli, al tiempo que con patatas cocidas o fritas.
- Decoramos con el perejil y acompañamos con el limón.

Aplicaciones/observaciones:
- Podemos guarnecer también con cualquier tipo de ensalada.

Frituras variadas de pescado y marisco (fritura-concentración)

Ingredientes:	
• 1 lenguado	• Tempura preparada
• 8 gambas	• Sal
• 1 calamar	• ½ l de aceite de oliva
• 8 mejillones cocidos	• 1 limón
	• Perejil

Elaboración:
- Sacamos los cuatro filetes del lenguado y los hacemos a la plancha con la sal al gusto.
- En una sartén, con aceite caliente, freímos las gambas peladas, los mejillones cocidos y el calamar en tiras, pasados todos ellos por la tempura. Retiramos sobre papel de cocina para absorber el exceso de grasa.
- Cortamos el limón en cuartos y el perejil bien fino.
- Emplatamos y decoramos con el limón y el perejil.
- Como en el caso anterior, puede acompañarse con patatas cocidas, ensalada, salsa rosa, alioli, mayonesa o salsa tártara.

Aplicaciones/observaciones:
- Podemos guarnecer también con cualquier tipo de ensalada.

Chorizo y salchichas con arroz y judías verdes (hervido-salteado-frito, mixto)

Ingredientes:

- 300 g de judías verdes
- 80 g de arroz
- 4 salchichas
- 2 chorizos mini

- 2 huevos
- 4 dientes de ajo
- 2 dl de aceite
- Sal y perejil

Elaboración:

- Cocemos las judías verdes al vapor durante 20 minutos, retiramos y refrescamos una vez estén tiernas.
- En una sartén con un poco de aceite, freímos dos dientes de ajo picados y, una vez dorados, añadimos las judías verdes y rehogamos el conjunto.
- Preparamos el arroz blanco al estilo tradicional con dos dientes de ajo, el aceite y el perejil (arroz seco).
- Se fríen los huevos, las salchichas y el chorizo cortado en rodajas.
- Emplatamos el conjunto, con los ingredientes alrededor del arroz moldeado y se sirve.

Aplicaciones/observaciones:

- Puede realizarse con otros tipos de carnes.
- Las judías verdes pueden sazonarse al gusto o mezclarse en el salteado con otras hortalizas.

Filete de ternera, huevo frito y arroz a la cubana
(plancha, fritura, hervido-concentración y expansión)

Ingredientes:

- 200 g de arroz
- 1 huevo por persona
- 1 filete de ternera por persona
- 2 espárragos trigueros por persona

- Salsa de tomate
- Sal
- Aceite de oliva
- Pimienta
- Orégano

Elaboración:

- Hervir el arroz en blanco, en agua y sal, colarlo y lavarlo en agua fría.
- Pasar por el chino y reservar en el mismo.

- En una *sauté* caliente, añadir la salsa de tomate una pizca de pimienta y otra de orégano.
- Reducir la salsa durante unos diez minutos.
- En una plancha bien caliente, disponer el filete, salpimentado, marcándolo por ambas caras.
- Retirar el filete y hacer en plancha los trigueros.
- En otra sartén, disponer aceite y freír los huevos.
- Una vez estén hechos el filete, el huevo y el tomate, con un aro se forma el timbal, que se llena de arroz y se salsea con el tomate; se retira el aro, se colocan los trigueros sobre el timbal y se disponen al lado el huevo y el filete.

Aplicaciones/observaciones:

- Puede realizarse con filetes de otras carnes y aves, e incluso de pescados.

Mar y montaña de lomo y bacalao (fritura, guiso, hervido-mixto)

Ingredientes:
- 200 g de arroz cocido en blanco
- 100 g de tomate para freír
- 1 c/s de kétchup
- 4 filetes de lomo de cerdo
- 200 g de bacalao
- 1 huevo
- 50 g de harina
- Sal y perejil
- 1 dl de aceite
- 1 diente de ajo
- 4 pimientos de piquillo rojos

Elaboración:
- Rebozar el lomo sazonado en harina y huevo, y freír.
- Preparar el arroz cocido en blanco. Tras la cocción, refrescarlo. Dejarlo reposar y saltearlo después en algo de aceite para el emplatado.
- Freír el tomate durante 15 minutos en un poco de aceite junto con el ajo picado. Añadir el kétchup. Reducir y triturar.
- Sobre esa base de tomate y kétchup, disponer el bacalao y cocerlo conjuntamente.
- Para emplatar, disponer en el centro del plato el arroz; a un lado el bacalao y al otro el lomo.
- Salsear con el tomate y decorar con juliana de piquillo y perejil picado.

Aplicaciones/observaciones:

- Puede acompañarse con una guarnición de asadillo de pimientos: pimientos de piquillo en juliana, sazonados con ajo picado, perejil, aceituna negra y aceite de oliva.

Hamburguesa, huevos, hortalizas a la plancha y patatas
(fritura, pochado-concentración)

Ingredientes:

- 8 hamburguesas
- 2 patatas grandes
- 4 huevos
- 1 dl de kétchup y mostaza
- 1 dl de aceite
- Sal
- Guarnición de hortalizas a la plancha: berenjena, calabacín, cebolla, tomate

Elaboración:

- Pelamos y lavamos las patatas y las picamos para freír (previo pochado) en corte bastón.
- Limpiamos y cortamos en rodajas finas la berenjena, el calabacín y el tomate. Cortamos la cebolla en aros.
- Mientras, preparamos las hamburguesas al modo tradicional y las freímos en aceite bien caliente o bien las asamos en plancha, retirándoles el exceso de grasa posteriormente mediante papel absorbente.
- Hacemos al mismo tiempo las hortalizas a la plancha.
- Se fríen las patatas y se sazonan.
- Freímos los huevos y el pimiento verde.
- Disponemos por persona dos hamburguesas en el plato, un huevo, las patatas fritas, las hortalizas alternándolas en molde redondo y acompañamos con kétchup y mostaza.

Aplicaciones/observaciones:

- A la guarnición de hortalizas podemos añadir pimiento rojo y verde, espárragos trigueros, etc.
- Podemos acompañar con otras salsas derivadas de la mayonesa.

Costillas al horno con huevo, patatas y ensalada
(asado al horno, fritura-concentración)

Ingredientes:

- 12 costillas de cerdo asadas al horno
- 2 patatas grandes
- 4 huevos
- 1 pimiento verde
- Lechugas variadas
- 1 cebolla
- 1 tomate
- Aceite, vinagre y sal

Elaboración:

- Sazonamos las costillas de cerdo, unidas en el mismo corte, a la manera tradicional (sal, pimienta, orégano y tomillo).

- Precalentamos el horno a 200 ºC y, en una fuente refractaria con un poco de agua, disponemos las costillas sobre rejilla y las doramos 10 minutos; tras el dorado, bajamos a 180 ºC unos 30 minutos más.

- Una vez tiernas, las retiramos, subimos la temperatura del horno a 200 ºC y las doramos de nuevo.

- Disponemos la sartén con abundante aceite y freímos las patatas en corte puente nuevo (tras un pochado previo), retirando sobre papel de cocina para absorber el exceso de grasa.

- Freímos los huevos y el pimiento en juliana.

- Emplatamos las costillas, las patatas fritas, el huevo y el pimiento verde, y guarnecemos con lechuga, tomate y cebolla aliñados.

Aplicaciones/observaciones:

- Podemos salsear con el jugo obtenido de la placa de asado ligado.

- Puede realizarse con otras piezas de cerdo, ternera o aves.

- Puede acompañarse con cualquier tipo de ensalada.

Huevo, albóndigas y patatas rejilla

Ingredientes:

- 4 huevos
- 16 albóndigas a la madrileña
- 2 patatas grandes
- Aceite de oliva
- Sal y perejil picado

Elaboración:

- Pelamos y lavamos las patatas. Las cortamos en rejilla con la ayuda de la mandolina y las freímos directamente en aceite. Las retiramos sobre papel absorbente y sazonamos con sal.
- Se fríen los huevos, se calientan las albóndigas.
- Se emplata y termina el plato, disponiendo albóndigas, patatas y huevos fritos.
- Se decora con perejil picado.

Aplicaciones/observaciones:

- Podemos complementar el plato con algún tipo de ensalada.
- Las albóndigas pueden realizarse en otras salsas y carnes como las de ave, e incluso realizarse con pescados, como atún, salmón, bacalao, etc.

Lenguado, huevos rellenos y espárragos (fritura, hervido-concentración)

Ingredientes:

- 4 filetes grandes de lenguado
- 4 huevos
- 50 g de cebolla
- 20 aceitunas negras
- 6 alcaparras
- 2 anchoas
- 100 g de mayonesa
- 12 espárragos gruesos
- Vinagreta
- 1 huevo
- 50 g de harina
- Perejil picado
- Aceite para freír

Elaboración:

- Rebozamos los filetes de lenguado, sazonados con sal, en harina y huevo. Los freímos en aceite caliente y los retiramos sobre papel de cocina para absorber el exceso de grasa.
- Cocemos los huevos; los cortamos por la mitad y separamos las yemas.
- Trabajamos parte de las yemas con la cebolla picada en *brunoise* muy fina, las aceitunas picadas, las alcaparras, las anchoas picadas y la mayonesa. Condimentamos con perejil picado.
- Rellenamos con esa mezcla los huevos, cubrimos con el resto de la yema picada y reservamos.
- Emplatamos, disponiendo los filetes de lenguado, a cada lado de uno, dos mitades de huevo, tres espárragos y la salsa vinagreta.

Aplicaciones/observaciones:

- Puede acompañarse también con mayonesa o cualquiera de sus derivadas.

- El lenguado puede sustituirse por otro pescado blanco.

Espárragos, huevos rellenos, pimientos y croquetas (fritura-concentración)

Ingredientes:

- 12 espárragos gruesos
- 4 huevos
- 50 g de atún en aceite
- 20 aceitunas
- 100 g de mayonesa
- 4 pimientos de piquillo
- 200 g de bechamel de merluza (farsa)
- 100 g de harina
- 3 huevos
- 300 g de bechamel de gambas
- 100 g de pan rallado

Elaboración:

- La bechamel de gambas se trabaja, se estira y se corta formando pequeñas bolitas. Las empanamos, pasando por harina, huevo batido y pan rallado.

- Rellenamos los pimientos de piquillo con la bechamel de merluza, rebozamos y freímos, retirándolos después a papel de cocina para absorber el exceso de grasa.

- Freímos las croquetas, retirándolas también a papel de cocina.

- Cocemos los huevos; los cortamos por la mitad y separamos las yemas.

- Trabajamos parte de las yemas con el atún, las aceitunas picadas y la mayonesa.

- Emplatamos, disponiendo en el centro del plato tres espárragos, a su lado dos mitades de huevo, un pimiento y las croquetas.

Aplicaciones/observaciones:

- Se puede acompañar con mayonesa o salsa tártara.

Salchichas, puré *parmentier* y ensalada de tomate
(hervido, fritura-concentración)

Ingredientes:

- Ensalada:

  - 2 lonchas de jamón ibérico

  - 1 tomate mediano

  - 1 dl de aceite de oliva virgen

  - Sal y albahaca

  - 50 g de *mozzarella*

  - 8 aceitunas negras

- Puré:

  - 1 patata grande

  - 100 ml de nata líquida

  - 50 ml de mantequilla

  - Sal

- 8 salchichas artesanales

Elaboración:

- Se lava y se cuece la patata. Una vez tierna, se pela y se tamiza por el pasapurés.

- Refinamos el puré con nata y mantequilla, mezclándolo bien, y ponemos a punto de sal.

- Lavamos y pelamos el tomate, tras escaldarlo.

- Lo cortamos en rodajas y cortamos el jamón en tiras.

- Cortamos el queso en taquitos.

- Disponemos el tomate en el centro del plato, acompañamos con el jamón cortado y la *mozzarella*.

- Sazonamos con sal, saborizamos con albahaca y terminamos con unas aceitunas negras.

- Freímos las salchichas y colocamos dos en cada plato, al lado de la ensalada.

- Terminamos disponiendo el puré, moldeado en redondo.

Aplicaciones/observaciones:

- Puede acompañarse con diferentes salsas, como mostaza.

Ensalada, arroz tres delicias y lenguado (hervido, plancha-concentración)

Ingredientes:

Ensalada:

- 100 g de pasta coloreada cocida
- Mezcla de lechugas
- 50 g de cangrejo real *(chatka)* o gambas pequeñas cocidas
- 40 g de jamón cocido
- 50 g de *mozzarella*
- Vinagreta

Arroz tres delicias:

- 150 g de arroz de grano largo
- 8 gambas
- 1 huevo
- 1 zanahoria
- 25 g de guisantes
- 25 g de jamón cocido
- Aceite y sal
- 2 lenguados grandes

Elaboración:

- Cocer el arroz en blanco. Una vez tierno, lavar, escurrir y dejar enfriar.
- Cocer la zanahoria picada en *brunoise*. Cocer por separado las gambas, la zanahoria y los guisantes. Una vez cocidos, retirar y reservar.
- Picar el jamón cocido en tiras finas.
- Preparar una tortilla francesa de un huevo; una vez hecha, cortar en tiras.
- Mezclar todos los ingredientes junto con el arroz, calentar y mantener caliente.
- Mezclar todos los ingredientes de la ensalada en un bol, junto con el jamón y la *mozzarella* picados.
- Añadir la vinagreta y remover.
- Retirar los cuatro filetes de cada lenguado. Sazonar con sal y hacer a la plancha.
- Emplatar el lenguado, a su lado el arroz moldeado en aro redondo, y terminar con otro moldeado de ensalada.

Aplicaciones/observaciones:

- Podemos acompañar el plato con un salsa mayonesa o derivada, e incluso con un sofrito de ajo y aceite para el lenguado.
- El lenguado puede sustituirse por otro pescado.

Lomo adobado, tortilla francesa, patatas fritas y tomate
(plancha, fritura-concentración)

Ingredientes:

- 8 filetes de lomo adobado
- 4 tortillas francesas de un huevo
- 2 patatas grandes
- 2 tomates
- Aceite, vinagre, sal y orégano
- Kétchup

Elaboración:

- Pelamos y lavamos las patatas. Las cortamos en española y las freímos, con pochado previo. Las retiramos sobre papel absorbente y las salamos.
- Preparamos las cuatro tortillas francesas.
- Lavamos y cortamos el tomate, sazonamos con aceite, vinagre, sal y orégano.
- Cocinamos los filetes de lomo a la plancha.
- Emplatamos el lomo, dos filetes por plato. A su lado una tortilla, y terminamos con las patatas fritas y la ensalada de tomate.

Aplicaciones/observaciones:

- Puede realizarse con filetes de pollo, ternera, etc.
- La salsa es opcional.
- El tomate aliñado se puede sustituir por otro tipo de aliño de hortalizas o ensalada.

TOSTAS

Al referirnos a las tostas, lo estamos haciendo a una oferta derivada de la ciertos aperitivos que ha evolucionado hasta convertirse casi un plato principal.

En este apartado, como en el caso de aperitivos y platos combinados, se ofrece una serie de ejemplos que ofrecen alternativas a la

imaginación del equipo de cocina que realice esta oferta gastronómica (en consonancia con la del establecimiento), al tipo de cliente, al formato y al montaje de las mismas, que están en constante evolución.

Tosta con puré de ajo, revuelto de espinacas y gambas

Ingredientes:	• 1 cabeza de ajos
• 1 barra de pan de chapata	• 2 dientes de ajo
• 8 huevos	• Agua
• ½ kg de espinacas	• Aceite de oliva virgen extra
• 24 gambas	• Sal

Elaboración:

• Cocer la cabeza de ajos en un cazo durante 15 minutos.

• Escurrirla, disponerla en una placa de horno y asarla durante 15 minutos a 180 ºC.

• Dejarla templar, pelar los ajos y aplastarlos con un tenedor. Reservar.

• Cortar el pan en ocho rebanadas oblicuas. Tostarlas en el horno y reservarlas.

• Limpiar las espinacas y cocerlas brevemente en una cazuela con agua y una pizca de sal.

• Escurrirlas y picarlas finamente.

• Pelar los dos dientes de ajo, laminarlos y dorarlos en una sartén con aceite.

• Agregar las gambas (peladas y troceadas) y saltearlas brevemente.

• Añadir las espinacas y mezclar bien. Poner a punto de sal.

• Batir los huevos en un bol con una pizca de sal. Incorporar la mezcla de espinacas y gambas y cuajar el revuelto en una *sauté*.

• Untar las tostas con el puré de ajo y acompañarlas con el revuelto de espinacas y gambas. Servir.

Aplicaciones/observaciones:

• Las gambas pueden sustituirse por migas de bacalao desalado.

Tosta de anchoas con ensalada y vinagreta de frutos secos

Ingredientes:

- 1 pan de hogaza
- 8 anchoas en salazón
- 8 anchoas frescas
- 4 pimientos de piquillo
- 2 dientes de ajo
- Agua
- Vinagre de vino blanco
- Aceite de oliva virgen extra
- Sal
- 40 g de germinados variados (rábano, lombarda, alfalfa)

- 20 g de rúcula
- 20 g de canónigos
- Vinagreta:
  - 15 g de pistachos
  - 15 g de avellanas
  - 15 g de almendra en láminas
  - 25 g de mostaza
  - ¼ dl de vinagre de Módena
  - ½ dl de aceite de oliva virgen extra
  - Sal
  - Perejil picado

Elaboración:

- Limpiar las anchoas frescas de tripas, cabeza y espinas, y retirar los lomos.
- Colocarlas en una fuente con sal y cubrir con un chorro de vinagre.
- Mantener durante un minuto y después verter un vasito de agua. Dejar marinar durante 20 minutos. Retirar el marinado, pasar las anchoas a otra fuente y cubrirlas de aceite.
- Para las tostas, cortar el pan en rebanadas y tostar.
- Para la vinagreta, picar los frutos secos y ponerlos en un bol.
- Condimentar con un poco de perejil picado, sal, la mostaza un buen chorro de aceite y un chorrito de vinagre de Módena.
- Laminar los dientes de ajo y dorarlos en una sartén con aceite caliente. Añadir los pimientos del piquillo y freír. Abrir cada pimiento y cortarlo en dos.
- Colocar la tosta en un plato y poner encima dos trozos de pimiento de piquillo. Agregar unos germinados de rábano, lombarda y alfalfa, y alternar filetes de anchoas en aceite y en salazón.
- Emulsionar la vinagreta y salsear con la misma.
- Acompañar la tosta con un poco de rúcula, canónigos y unas láminas de ajo fritas.

Aplicaciones/observaciones:

- La anchoa marinada puede ahumarse tras el proceso de marinado.
- Para darle frescor puede terminarse con unos dados de tomate en *concassé*.

Tosta de lomo y queso ahumado

Ingredientes:

- 1 pan de hogaza
- 8 filetes finos de lomo de cerdo
- 8 pimientos verdes de Padrón
- 1 tomate
- 100 g de queso ahumado
- 100 g de membrillo
- 100 ml de mosto de manzana
- Sal
- Pimienta
- Perejil (para decorar)

Elaboración:

- Salpimentar los filetes de lomo de cerdo y cortar el queso en ocho lonchas.
- Espalmar los filetes. Marcarlos a la plancha vuelta y vuelta.
- Para hacer la salsa, fundir el membrillo con el mosto de manzana en un cazo al fuego. Mezclar, colar la salsa y reservarla.
- Cortar el tomate en láminas finas.
- Cortar cuatro rebanadas de pan y tostarlas.
- Dsisponer sobre ellas las rodajas de tomate, los filetes de lomo y cubrir con las lonchas de queso.
- Introducir las tostas al horno a 180 °C hasta que se glasee el queso.
- Freír los pimientos.
- Retirar las tostas y emplatar.
- Disponer encima de cada tosta dos pimientos y salsear.
- Decorar con una ramita de perejil.

Aplicaciones/observaciones:

- Pueden utilizarse otro tipo de carnes y de quesos.

Tosta de sobrasada y *brie*

Ingredientes:

- 1 pan de hogaza
- 200 g de sobrasada
- 100 g de queso *brie*
- Brotes y germinados

Elaboración:

- Cortar cuatro rebanadas de pan y tostarlas.
- Laminar el queso *brie.*

- Atemperar la sobrasada y untarla sobre las tostas.
- Cubrir las tostas con las láminas de *brie* y glasear en salamandra.
- Decorar con los brotes y germinados.

Aplicaciones/observaciones:

- Puede mezclarse la sobrasada atemperada con pasas rehidratadas, manzana en tacos, etc.

Tosta de revuelto de hongos

Ingredientes:

- 400 g de hongos variados (boletus, níscalos, *perretxicos*, etc.)
- 8 huevos
- 8 chalotas
- 3 dientes de ajo
- 1 tomate maduro
- 4 rebanadas de pan de hogaza
- Aceite de oliva
- Alegrías o piparras en conserva
- 4 aceitunas negras
- Sal
- Perejil

Elaboración:

- Pelar y picar tres dientes de ajo y ponerlos a dorar en una sartén con un poco de aceite.
- Retirar la mitad del aceite del ajo rehogado.
- Pelar y picar las chalotas y añadirlas al ajo rehogado en aceite. Sazonar y dejar pochar.
- Lavar y picar los hongos. Agregarlos a las chalotas y pochar el conjunto.
- Untar un bol con una gotita de aceite y disponerlo al baño maría. En un cuenco, cascar los huevos, sazonar y batirlos.
- Agregar el huevo batido al bol y dejar que cuaje, poco a poco. Cuando coja consistencia cremosa, retirar el bol e incorporar los hongos y las chalotas pochados. Mezclar.
- Tostar las rebanadas de pan en el horno a 220 °C (con el horno precalentado).
- Cuando cojan color, retirarlas. Untarlas con el aceite de ajo frito retirado del rehogado.
- Partir un tomate por la mitad y untarlo bien en las tostas.

- Repartir el revuelto de hongos entre las cuatro tostas y servir una por ración. Decorar con perejil, la piparra en juliana y la aceituna negra.

Aplicaciones/observaciones:

- Puede añadírsele al revuelto gamba picada, jamón en tacos, etc.

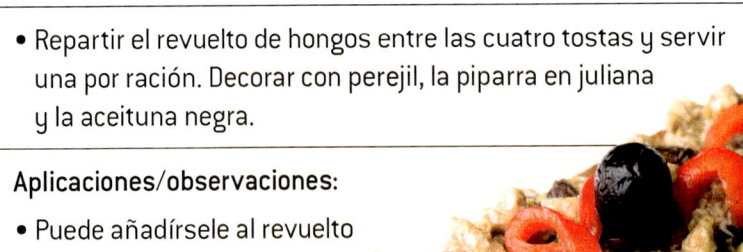

Tosta de revuelto de hongos.

Tosta de tomate, aceitunas, queso *mozzarella* y salsa de pesto

Ingredientes:

- 2 rebanadas de pan tipo chapata
- 4-6 rodajas de tomate
- 1 tomate deshidratado
- 4-6 aceitunas negras deshuesadas
- 4 rodajas de queso *mozzarella*
- 2 cucharadas de salsa pesto
- Aceite de oliva
- Sal
- Albahaca picada

Elaboración:

- Untar las rebanadas de pan, tostadas, con un poco de salsa pesto.
- Colocar encima las rodajas de tomate y las de queso. Sazonar.
- Distribuir por encima las aceitunas partidas por la mitad.
- Espolvorear la superficie con tomate rehidratado en agua y picado.
- Regar con un chorro de aceite de oliva y espolvorear con albahaca picada al gusto.
- Gratinar durante 7-8 minutos y servir enseguida.

Aplicaciones/observaciones:

- Puede sustituirse la *mozzarella* por otro queso y disponer sobre la superficie de la tosta piñones tostados.

Tosta de raya

Ingredientes:

- 2 tostadas de pan
- 1 aleta de raya
- 1 diente de ajo
- 1 punta de guindilla
- Vinagre de frambuesa
- Aceite de oliva
- Sal
- Perejil picado

Elaboración:

- Cortar la raya en tiras finas, siguiendo las fibras, como si fueran angulas y sazonarla.
- Pelar el ajo, laminarlo y dorarlo en una sartén con un chorrito de aceite y la punta de guindilla troceada.
- Añadir la raya y saltearla brevemente.
- Verter un chorrito de vinagre de frambuesa y perejil picado al gusto.
- Disponer la raya salteada sobre las tostadas de pan con un poco de su jugo y servir.

Aplicaciones/observaciones:

- El salteado puede complementarse con gamba pelada y picada, perejil picado, y sustituir el vinagre por jerez.

Tosta de queso de cabra con nueces y membrillo

Ingredientes:

- 2 rebanadas de pan de hogaza
- 8-10 nueces peladas
- 100 g de membrillo
- 100 g de queso de cabra

Elaboración:

- Tostar las rebanadas de pan en el horno a 180 °C durante 4-5 minutos.
- Cortar el queso de cabra en medias lunas.
- Disponer el queso encima del pan y gratinarlo en el horno durante un par de minutos.
- Trocear el membrillo y picar las nueces; poner unos trocitos sobre el pan con el queso. Servir.

Aplicaciones/observaciones:

- Puede añadirse, antes del gratinado del queso, géneros como salazones de carne o pescado picadas, hortalizas, etc.

Tosta de jamón ibérico, *foie* y Pedro Ximénez

Ingredientes:

- 4 rebanadas de pan de pueblo
- 4 lonchas de jamón ibérico
- 4 lonchas de fuagrás o *micuit*
- 2 dl de Pedro Ximénez
- 25 g de azúcar
- 1 dl de aceite de oliva virgen
- 50 g de cebolla caramelizada

Elaboración:

- Reducir el Pedro Ximénez junto con el azúcar a fuego.
- Tostar las rebanadas de pan en el horno, rociadas con el aceite de oliva.
- Disponer sobre el pan la cebolla caramelizada y las lonchas de jamón.
- Hacer las cuatro láminas de *foie* a la plancha, vuelta y vuelta.
- Disponer el *foie* sobre el jamón y rociar con el Pedro Ximénez reducido. Servir.

Aplicaciones/observaciones:

- Se puede sustituir el jamón por cecina, jamón de pato, filetes muy finos de solomillo a la plancha, etc.

Tosta de cecina, queso de cabra y vinagre balsámico

Ingredientes:

- 4 rebanadas de pan de pueblo
- 4 lonchas de cecina
- 4 lonchas de queso de cabra en rulo
- 2 dl de vinagre balsámico
- 25 g de azúcar
- 1 dl de aceite de oliva virgen

Elaboración:

- Reducir el vinagre junto con el azúcar a fuego.
- Tostar las rebanadas de pan en el horno rociadas con el aceite de oliva.
- Disponer sobre el pan las lonchas de cecina.
- Hacer las cuatro lonchas de queso de cabra a la plancha, vuelta y vuelta.
- Disponer el queso sobre la cecina y rociar con el vinagre reducido. Servir.

Tosta de salmón marinado y salsa tártara

Ingredientes:

- 4 rebanadas de pan de pueblo
- 12 lonchas de salmón marinado
- 100 g de salsa tártara

- 2 dl de vinagre balsámico
- 25 g de azúcar moreno
- 1 dl de aceite de oliva virgen
- Eneldo

Elaboración:

- Reducir el vinagre junto con el azúcar a fuego.
- Tostar el pan en el horno en rebanadas rociadas con el aceite de oliva.
- Disponer sobre el pan la salsa tártara.
- Disponer sobre ellas el salmón, rociar con el vinagre reducido y condimentar con eneldo. Servir.

Aplicaciones/observaciones:

- Puede realizarse con otros pescados marinados y/o ahumados.

Tostas de salmón.

1.4. Aplicación de técnicas de regeneración y conservación

Existen normas de conservación diferentes para los géneros crudos y cocinados. Los géneros crudos deben aislarse para la conservación del producto cocinado, físicamente, en cámaras distintas, y al mismo tiempo entre sí, protegidos con algún tipo de aislamiento, en cámaras para hortalizas y verduras, huevos, lácteos, carnes y pescados, y almacenes de no perecederos.

Las normas básicas de conservación de géneros crudos son:

- Hortalizas y verduras: en cámara, limpias de residuos y tierra, entre 5 y 8 °C según sus características.

- Huevos: los huevos deben conservarse en cámara a 5 °C, aislados del resto de ingredientes, al poder ser un foco de contaminación por *Salmonella* y *Escherichia*. Deben almacenarse ordenados, desechando los que estén rotos.

- Lácteos y grasas animales: en cámara a 5 °C, controlando las fechas de caducidad y evitando enranciamientos mediante su protección del oxígeno con papel film o envasado al vacío.

- Pescados: en cámara, de 0 a 2 °C; eviscerados y limpios para evitar parasitaciones. Se conservan en cubeta de fibra con rejilla para impedir que entren en contacto con sus jugos, tapados y aislados del oxígeno con film o envasados al vacío.

- Carnes, aves y despojos: en cámara, de 0 a 2 °C, aisladas entre sí, sin mezclar carnes de distintos tipos, en cubeta de fibra con rejilla para que no entren en contacto con sus jugos, aisladas del oxígeno mediante envasado al vacío o protección con film.

- Condimentos: aislados de la humedad en envases cerrados o envasados al vacío, evitando su enranciamiento o las pérdidas de aromas requeridos.

- Grasas vegetales: en almacén con temperatura y humedad controladas (fresco y seco), alejados de la luz solar para prevenir alteraciones y controlando las fechas de caducidad para frenar la inversión de ciertas grasas.

- No perecederos: en almacén, en condiciones de frescura y sequedad, separados por tipos, realizando el control de fechas y *stocks* mediante la rotación de géneros.

A estas normas básicas, les siguen las que separan el género crudo del preelaborado (*mirepoix* de hortalizas, popietas de pescado, filetes de carnes, etc.); estos cortes o preelaboraciones deben conservarse al vacío o en cubetas con film, refrigerados, en las cámaras de preelaboración o *mise en place,* situadas en el cuarto frío y cocina caliente.

Al mismo tiempo, los géneros crudos y los preelaborados deben separarse del género cocinado, mantenido hasta su regeneración en las cámaras de elaborados, envasados y con etiquetas que indiquen la fecha de su realización.

La conservación de producto terminado se lleva a cabo en cámaras, a 8 ºC, y con condiciones de seguridad que frenen el aumento de la carga microbiana del alimento por una temperatura inadecuada, excesivo tiempo de conservación o mala limpieza y desinfección de las cámaras.

Es importante, tras la realización, la rápida bajada de temperatura (para esterilizarlo y evitar fermentaciones), realizada generalmente en abatidor, el envasado o sellado, y el control del tiempo de servicio, que no debe pasar de 24 horas en condiciones de no envasado al vacío.

Alimentos envasados al vacío.

Debemos tener en cuenta también, que existen ciertas preparaciones demasiado sensibles a la contaminación, como son los géneros que se van a consumir en crudo (hortalizas en ensaladas y pescados que van a estar congelados previo consumo a -18 ºC durante 24 horas), las elaboraciones que llevan huevo y nata (especialmente sensibles a la contaminación) y las grasas de fritura (deben ser conservadas filtradas, decantadas y aisladas para evitar oxidaciones y enranciamientos).

Tras la conservación, el producto pasa a su servicio al cliente mediante la regeneración o calentamiento. Este proceso elimina los riesgos de contaminación en condiciones de temperatura cercana a los 70 ºC, temperatura a la cual se destruyen la mayoría de gérmenes patógenos; este recalentamiento se suele realizar mediante:

- El hervido o levantado: empleado para líquidos, como sopas, cremas, guisos y estofados, salsas, etc. Mediante el hervido a 100 ºC, el género se hace sanitariamente seguro y permite el desespumado, retirada de levaduras que pueden provocar fermentaciones.

- La cocción al vapor: para producto seco o bien elaboraciones con salsas, introducidos sellados en horno de vapor a 100 ºC durante el tiempo necesario.

- Cocción al baño maría: para elaboraciones semilíquidas o ligadas, como cremas y salsas ligadas con harina, evitando su agarrado al recipiente.

- Regeneración en microondas: para productos líquidos, secos o en salsas, llegando a temperatura adecuada en el centro del alimento.

Es importante reiterar que el recalentamiento o regeneración de un alimento a temperatura inadecuada puede hacer aumentar la carga microbiana del mismo, así como el empleo de maquinaria o útiles contaminados (tablas, cuchillos sucios-contaminación cruzada) y las condiciones higiénico-sanitarias del manipulador de alimentos o de la elaboración no sean las correctas.

Debemos tener en cuenta una serie de medidas de prevención como son:

- La regeneración del alimento hasta que alcance los 70 ºC en su centro y el mantenimiento de esta temperatura hasta su consumo o mantenimiento en caliente.

- La separación de los alimentos sobrantes de la producción y su conservación al margen de otros tipos de géneros.

- Se debe tener en cuenta la conveniencia de no realizar platos con demasiada antelación al servicio y consumo.

- El mantenimiento de las normas de seguridad e higiene por parte de los trabajadores en cuanto a los locales, instalaciones, maquinaria y utilllaje.

MAPA CONCEPTUAL

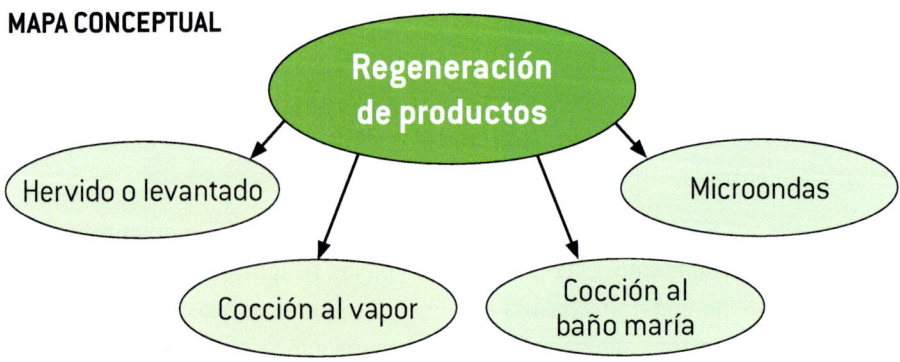

ACTIVIDADES FINALES

De comprobación

1.1. Los fritos a la andaluza emplean:

    a) Tempura.

    b) Empanado.

    c) Harina de garbanzo.

    d) Masas de fritura como la orly.

1.2. Los platos combinados son presentaciones de aperitivos:

    a) En forma de tapas y pinchos.

    b) De servicio en carro.

    c) De servicio en plato.

    d) Ninguna es correcta.

1.3. El escabeche es un tipo de:

    a) Adobo.

    b) Marinada.

    c) Salmuera.

    d) Ninguna es correcta.

1.4. El tiempo de cocción de unos huevos *mollet* es de:

    a) Tres minutos desde que el líquido está caliente.

    b) Cinco minutos, cascados y escalfados.

    c) Cinco minutos desde que el líquido está caliente.

    d) Siete minutos, cascados y escalfados.

1.5. La glasa de carne es:

    a) Un tipo de carne.

    b) Una crema.

    c) Una elaboración de solomillo en aperitivos.

    d) La reducción de un fondo.

1.6. La pasta *choux* suele emplearse:

  a) Como base de tostas.

  b) Como base de tartaletas.

  c) Como masa horneada para su relleno.

  d) Todas son correctas.

1.7. La escalibada es:

  a) Un tipo de gazpacho.

  e) Una guarnición a base de hortalizas hervidas.

  f) Una elaboración a base de bacalao.

  g) Una elaboración a base de hortalizas asadas.

1.8. Las condiciones de conservación de las carnes son:

  a) En cámara a 6 ºC.

  b) En cámara a 8 ºC.

  c) En cámara a 2 ºC.

  d) En cámara, protegidas con film a 6 ºC.

1.9. Los aperitivos son elaboraciones culinarias específicas, no pueden adaptarse elaboraciones de cocina tradicional a su servicio:

  a) Verdadero.

  b) Falso.

1.10. La masa quebrada salada se utiliza en:

  a) Frituras.

  b) Buñuelos.

  c) Tartaletas.

  d) Croquetas.

De aplicación

1. Define y explica los distintos modelos de presentación y servicio de entremeses y aperitivos.

2. Define y explica las salsas de uso más común en la elaboración de entremeses y aperitivos aportando ejemplos más comunes.

3. Define y explica los tipos de fritura empleados en la realización de entremeses y aperitivos.

4. Clasifica los distintos tipos de empleo de los canapés.

De ampliación

1. Aporta ejemplos de elaboraciones de pinchos y tapas más comunes en tu región.

2. Aporta ejemplos de guarniciones más comunes en la elaboración de platos combinados.

Casos prácticos

1. Diseña una oferta de servicio de aperitivos basada en la cocina regional de tu zona de residencia.

2. Diseña una oferta de servicios de platos combinados para un restaurante situado en un polígono industrial de tu zona de residencia.

2. Participación en la mejora de la calidad

Contenido

En los últimos años, se ha experimentado un creciente interés por parte de los consumidores por la calidad en la restauración, debido a la proliferación y diversificación de la restauración colectiva: restaurantes, vinotecas, comedores escolares y de empresa, residencias, *caterings,* etc.

Las características del mundo actual provocan que cada vez más personas hagan uso de estos establecimientos, aumentando su preocupación e interés por la procedencia y calidad de los productos alimentarios, los procesos culinarios, las cualidades nutricionales de las elaboraciones y los sistemas de gestión de residuos de la actividad.

Por esta razón, los establecimientos de hostelería deben prestar cada vez más atención a:

- La profesionalización del personal de hostelería en un mundo cada vez más exigente y especializado.

- La preocupación por la calidad de los productos utilizados y la variedad de los menús, además del equilibrio dietético.

- Los sistemas de autocontrol, como las guías de buenas prácticas o los análisis de los puntos de control críticos.

- La gestión de residuos derivados de la actividad, como las grasas, y el reciclado de papel, plástico y envases.

Como ya se ha indicado, en un mundo cada vez más exigente, solo las empresas que desarrollen medidas de control de calidad estrictas serán competitivas.

2.1. Aseguramiento de la calidad

Dentro de los criterios que definen la calidad en restauración, los procesos que intervienen son variados; incluyen tanto normas sobre distribución de locales, manejo de maquinaria, cualidades del personal, diseño de menús y normas de gestión de residuos respetuosas con el medio ambiente.

Para explicar los criterios de calidad en restauración, debemos distinguir, en primer lugar, entre los tipos de establecimientos.

Los distintos tipos de restauración responden a diferentes diseños y particularidades, necesarias para adaptarse a la oferta y al modo de trabajo de cada establecimiento. Podemos agrupar estas ofertas en función del lugar donde se realizan las labores de producción y servicio de alimentos y bebidas:

- Restaurante: producción y servicio de alimentos y bebidas en el mismo establecimiento.

- Cafeterías, bares: servicio de bebidas en el propio local.

- *Snack-bar:* establecimiento con bar y restaurante donde se producen y sirven platos rápidos.

- *Catering* y *vending:* producción de alimentos y bebidas en una cocina central, transporte y servicio en otro lugar diferente.

- Restauración colectiva: la producción de alimentos y bebidas puede realizarse *in situ* o mediante servicio de *catering* (restauración diferida).

En el momento de diseñar un establecimiento de producción y servicio de comidas y bebidas, teniendo en cuenta el tipo de oferta hostelera al que vaya dirigido el establecimiento y sus peculiaridades, se debe tener en cuenta una serie de normas generales, comunes a todo tipo de establecimientos de restauración, para garantizar la seguridad y calidad alimentaria.

CONDICIONES DE LOS LOCALES DESTINADOS A PRODUCCIÓN Y SERVICIO DE ALIMENTOS

Se debe tener en cuenta que en esta actividad, al manipular todo tipo de alimentos, es fundamental tanto el cuidado de la higiene del trabajador, como el control de los procesos de recepción, almacenamiento, conservación, elaboración y servicio; el mantenimiento, limpieza y desinfección de la maquinaria, instalaciones, materiales y útiles del local.

La variedad de actividades desarrolladas en los distintos establecimientos de restauración hace que aumente el riesgo de provocar o propagar intoxicaciones alimentarias.

El uso de materiales de construcción y revestimiento no adecuados, distribuciones de espacios deficientes, superficies de trabajo de difícil limpieza y desinfección son condicionantes que debemos tener en cuenta en el momento del diseño de un local de restauración (entendiendo esta como actividad que engloba todas estas ofertas gastronómicas).

Esas deficiencias pueden provocar:

- La aparición de plagas de insectos y roedores por un mal almacenamiento de alimentos y/o residuos de la actividad.

- Contaminación de los alimentos y bebidas por acumulación de suciedad; por deficiencias en la distribución del espacio en el local que dificulten la limpieza y desinfección adecuadas.

- Conservación no adecuada, rotura de la cadena de frío o acumulación de humedad que favorezca el desarrollo microbiano.

- Espacios de almacenamiento o conservación que favorezcan contaminaciones cruzadas, al entrar en contacto géneros y/o utensilios contaminados con otros que no lo están, géneros crudos o cocinados.

En definitiva, estos locales y el equipamiento deben ajustarse a los requisitos legales y a la normativa relativa a seguridad e higiene y a la naturaleza de la actividad a desarrollar desde su diseño.

Un local destinado a la producción y servicio de alimentos y bebidas debe estar bien distribuido y organizado, ya que eso supone una seguridad adecuada a la hora de trabajar y un ahorro de energía, esfuerzo y rentabilidad.

También supone un ahorro la buena visibilidad tanto con luz natural como con luz artificial, la buena ventilación, la temperatura, la amplitud, eliminando columnas, paredes o recodos, la utilización de materiales que refuercen la seguridad en la cocina, así como su buena conservación, como por ejemplo, pinturas plásticas en el techo y los suelos hechos de materiales que no favorezcan el deslizamiento y eviten accidentes.

En general, a la hora del diseño de una cocina deben tenerse en cuenta los siguientes requisitos:

- La actividad y la preparación deben fluir desde la zona de recepción de materias primas, a las zonas de almacenamiento, zona de preelaboración, elaboración y servicio sin vueltas atrás ni cruzarse entre zonas. Es decir, debe procurarse seguir un camino lineal del producto hasta su consumo.

- La zona de almacenamiento y preelaboración debe estar lo más cercana posible a la de recepción, y separada de la zona de elaboración para evitar que se produzca ningún tipo de contaminación cruzada entre géneros sucios y limpios o ya cocinados.

- Los espacios dedicados a limpieza y conservación de carnes y pescados deben estar también separados de la zona de elaboración y de la pastelería para evitar también la contaminación cruzada.

Gran parte de los desperdicios generados en cocina procede de los alimentos o géneros; se trata de materia orgánica que puede favorecer la aparición de plagas como insectos y roedores; por esta razón, las zonas de preelaboración, almacenamiento y zona de basuras deben estar separadas de la zona de elaboración y servicio de platos preparados.

Al mismo tiempo, al elegir su ubicación, debemos evitar que existan en las cercanías focos de contaminación y, a ser posible, deben aislarse viviendas u otros locales no relacionados, cuando no incompatibles con la actividad.

Dada la dificultad y la complejidad del trabajo dentro de una cocina, se hace necesaria la división en zonas de trabajo. Para hacer frente a esta gran diferenciación del trabajo, el espacio se divide entre zonas sucias y zonas limpias, siendo las más usuales:

Zonas sucias

- Zona de recepción de mercancías
- Zona de almacenamiento de no perecederos
- Zona de almacenamiento frigorífico
- Zona de lavado

- Zona de residuos o cuarto de basuras

- Zona de servicios higiénicos

- Zona de vestuarios

- Zona de almacenamiento de productos de limpieza

Zonas limpias

- Zona de preelaboración y elaboración (cocina)

- Comedor y zona de barra

Nos disponemos a detallar las condiciones específicas de seguridad que deben reunir los locales y las instalaciones destinados a la producción y servicio de alimentos y bebidas:

- **Zona de recepción de mercancías:** entrada de mercancías y en ocasiones también de personal, en cuyo caso estará próxima a los vestuarios y zona de aseo y limpieza del mismo.

- **Zona de almacenamiento de no perecederos:** donde se encuentra el almacén de géneros no perecederos, diferenciada del almacén de productos de limpieza, desinfección y vajilla, y de las cámaras de refrigeración y congelación.

  — Esta zona debe encontrarse lo más cerca posible del punto de recepción para que los géneros no tengan que atravesar los diferentes departamentos de la cocina, como la de elaboración.

  — Las paredes, suelos y techos de estos espacios serán de materiales impermeables, no absorbentes, lisos y de fácil limpieza y desinfección.

  — Los espacios destinados a almacén deben asegurar la rotación de *stocks,* la limpieza y el control de temperatura, humedad y ventilación.

  — Deben ser lugares frescos y secos (para evitar la condensación de vapores y humos en el local), sin olores agresivos y protegidos de la luz solar y de la entrada de insectos y roedores (los agujeros de ventilación deben estar provistos de algún dispositivo de protección).

  — Sea cual sea el tamaño del establecimiento, deben existir zonas independientes para cada tipo de productos, siendo lo más idóneo que existiesen cámaras distintas para carnes, pescados, frutas y hortalizas, aves y lácteos; el mínimo exigible marca que debe existir al menos un almacén para alimentos no perecederos, otro para artículos y productos de limpieza (totalmente separado de los alimentos), una cámara de congelación y otra de refrigeración.

— Las estanterías deben ser de fácil limpieza y desinfección, de materiales inoxidables, no absorbentes e impermeables (no de madera), sin roturas, grietas, óxidos, etc.

— Deben contar con palés, que no sean de madera, para aislar los productos del suelo (mínimo 10 cm).

• **Zona de almacenamiento frigorífico**: espacio ocupado por las cámaras de congelación y refrigeración.

— Las cámaras de congelación y refrigeración deben tener capacidad suficiente para facilitar la circulación del aire en el interior, propiciando el enfriamiento correcto de los alimentos.

— Las estanterías, paredes y ganchos serán de materiales inalterables y que faciliten su correcto lavado y desinfección.

— Las cámaras deben estar dotadas de termómetros para control y medición de la temperatura, colocados en lugares visibles. Cada cámara independiente contará con su propio dispositivo.

— Las cámaras serán lo suficientemente potentes para garantizar las temperaturas reglamentarias.

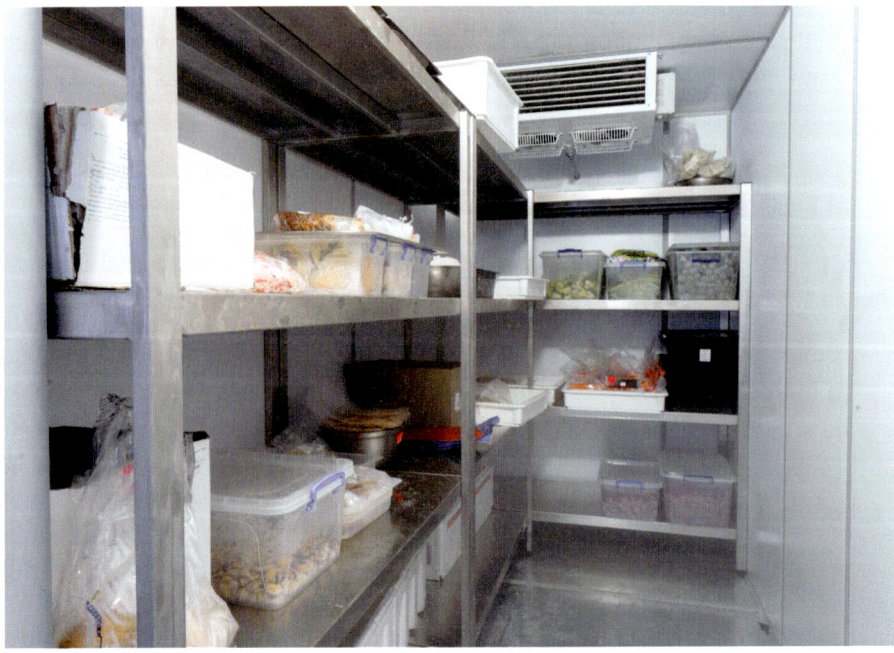

Cámara de refrigeración.

- **Zona de lavado:** espacio donde se lavan y se desinfectan los útiles necesarios para la preelaboración, elaboración y servicio del establecimiento. Se divide en dos zonas:

  — El *office:* es el lugar donde se limpia y se conserva la vajilla, la cubertería y la cristaleria.

  — La *plonge:* es el lugar donde se limpia y se seca la batería y las herramientas sucias.

- **Zona de basuras, cuarto de basuras y/o salida de desperdicios:** el cuarto de basuras es el lugar donde se depositan los desperdicios, procedentes de las zonas de limpieza, preelaboración y elaboración, aislados hasta el momento de su salida del establecimiento.

  — Su localización debe estar totalmente separada de la zona de elaboración.

  — Es conveniente que esté situado en una zona diferente a la de entrada de mercancías, y al final del flujo recorrido por los alimentos. En su defecto, la salida de basuras y la entrada de mercancía en el establecimiento no deben coincidir nunca.

  — Las paredes, suelos y techos de este local serán de materiales de fácil limpieza y desinfección.

- **Zona de servicios higiénicos:**

  — Los servicios higiénicos deben estar separados del resto de zonas (no podrán comunicar directamente con las zonas de trabajo), y deben estar dotados de lavabo de uso no manual, toallas monouso o papel y cepillo.

  — Sus paredes, suelos y techos deberán estar construidos con materiales de fácil limpieza y desinfección.

  — Deberán estar provistos de ventilación directa al exterior (natural o forzada mediante extractor).

- **Zona de vestuarios:**

  — Los establecimientos deben contar con vestuarios aislados de las zonas de manipulación y almacenamiento de alimentos.

  — Deben disponer de taquillas individuales para el cambio de ropa. En el caso de establecimientos de pequeño tamaño y poco personal, han de disponer al menos de taquillas separadas de la zona de manipulación y almacenamiento de alimentos.

- **Zona de almacenamiento de productos de limpieza:**

  — Los productos y útiles de limpieza deben situarse en armarios de uso exclusivo (separados de las áreas de elaboración) y bajo ningún concepto en los locales destinados a almacenamiento de materias primas.

— No podrán utilizarse los envases y recipientes destinados a contener alimentos (tras su consumo) para almacenar productos de limpieza.

Zonas limpias

- **Zonas de preelaboración y elaboración (cocina):** ambas deben estar separadas o al menos diferenciadas. En función del tipo de establecimiento de que se trate, nos encontramos con características distintas. No es lo mismo el diseño para las zonas de preelaboración y elaboración en un restaurante, en un hotel, una cocina de hospital o un comedor escolar o de un *catering.*

Sea cual sea el tipo de establecimiento al que nos refiramos, existen unas normas básicas de diseño, organizadas según el concepto de marcha adelante, facilitando los desplazamientos y aislando los espacios de zona limpia y zona sucia, evitando que se crucen.

Su principal característica debe ser la perfecta división del trabajo por funciones y el uso de circuitos lógicos y sencillos.

— Los establecimientos dedicados a elaborar preparaciones de servicio externo *(catering)* deben estar dotados de un cuarto frío, climatizado a 18 ºC.

— Los establecimientos que, aun siendo considerados comedor colectivo basen su oferta en el trabajo con plancha y parrilla, no tengan espacio exclusivo dedicado a cocina, deben independizar la zona.

— Deben contar con zonas específicas de preelaboración de alimentos y zonas de elaboración de alimentos, y platos ya preparados. Si las dimensiones del establecimiento no permiten esta división, las tareas de preelaboración y elaboración deben realizarse en momentos distintos, y entre ellas proceder al lavado y desinfección de la zona.

— Su suelo deberá ser de materiales impermeables y antideslizantes, sin grietas o hendiduras, y de fácil limpieza y desinfección. Si está alicatado, no debe haber separación entre las baldosas.

Para facilitar la limpieza y desinfección, el suelo debe estar levemente inclinado (2 %), con sumideros dotados de rejilla y sifón para evacuar líquidos hacia ellos y controlar las plagas.

— Los techos deben ser concebidos para impedir la condensación de vapor (y así evitar la formación de mohos) y la acumulación de suciedad.

— Las paredes de la cocina estarán construidas con superficies lisas, impermeables y de colores claros (azulejos y pintura plástica) para facilitar su limpieza. Los ángulos deben ser redondeados para obstaculizar la acumulación de sociedad.

— Las puertas y ventanas deben ser de fácil limpieza. Las ventanas deben estar dotadas de rejillas antiinsectos (mosquiteras), siendo preferibles las de cierre automático y oscilobatientes.

— La iluminación, ya sea natural o artificial, debe permitir la realización de las tareas de forma higiénica, y no debe alterar los colores de los alimentos.

— Los focos lumínicos deben estar protegidos con pantallas para evitar la caída de cristales o la contaminación del alimento en caso de rotura.

— La ventilación será suficiente para evitar la condensación de vapores y humos. Puede ser natural o forzada; en todo caso, la dirección de la corriente no irá nunca de zonas sucias a limpias. Los agujeros de ventilación deberán estar protegidos para evitar la entrada de insectos o roedores.

— Se dispondrá de lavamanos dotados de agua potable caliente y fría, accionados a pedal o sistema que no implique el uso de las manos. Contarán además con jabón líquido, cepillo y toallas monouso o dispensador de papel.

— Las escaleras, rampas y montacargas deberán situarse en espacios donde no supongan ningún peligro.

— Debe estar dotada con cubos de basuras de cierre hermético y apertura por pedal. Deben ser de fácil limpieza y desinfección, y dotados de bolsas de basura monouso.

Zonas de preelaboración y elaboración (cocina).

• **Zonas de comedor y barra:**

— Las zonas destinadas al consumo: comedor, barra, cafetería, etc., deben estar en un permanente estado de limpieza y desinfección; con suelos de fácil lavado.

— En este caso, paredes y techo no deben ser obligatoriamente lisos, se puede elegir el tipo de decoración que resulte más acorde al uso del local. Sin embargo, en todos los casos deben estar en perfectas condiciones higiénicas.

— Deben contar con papeleras en número suficiente para que puedan ser utilizadas por el público.

Zona de comedor.

CONDICIONES DE LA MAQUINARIA UTILIZADA EN LA PRODUCCIÓN Y SERVICIO DE ALIMENTOS

- El equipo y los utensilios empleados en la manipulación de alimentos debe estar confeccionado a partir de materiales inalterables, de fácil lavado y desinfección, que resistan a la corrosión y que no sean tóxicos, sustituyéndolos cuando pierdan estas cualidades.

- Debe evitarse la madera (permeable y de difícil limpieza y desinfección); el material más adecuado es el acero inoxidable.

- El equipamiento fijo (cocina central, planchas, pequeñas cámaras y mesetas) debe estar instalado de tal manera que pueda limpiarse por sus lados.

- El uso de la maquinaria y utillaje responderá a las normas específicas de seguridad.

ORGANIZACIÓN DEL TRABAJO EN COCINA

A causa de la diversificación del trabajo dentro de una cocina, se hace necesaria la división en zonas que se denominan partidas, siendo las más usuales: cuarto frío, *entremetier,* salsero y pastelería.

- **Cuarto frío:** se encarga de la recepción, comprobación de peso, temperatura y grado de frescura, limpieza en crudo, conservación, fraccionado y reparto de los géneros perecederos que llegan a la cocina, debiendo estar apartados y a temperatura más baja que en la cocina caliente. También tiene otras funciones, ya que se puede dividir entre zona de preparación y limpieza, y de elaboración de platos fríos:

  — Preparar adobos y salmueras, picado de hortalizas, operaciones de preelaboración previas a que el alimento pase a cocina caliente.

  — Confección de salsas frías, canapés, aperitivos, fiambres, ensaladas frías, etc.

  Forma parte de la cocina fría.

- *Entremetier:* se encarga de la elaboración de huevos, pastas, verduras y arroces, así como de la confección de caldos o fondos, cremas, sopas y potajes. Forma parte de la cocina caliente.

- **Salsero:** se encarga de la elaboración de todos los platos con carnes, pescados, aves y caza, así como de sus salsas y guarniciones. Hoy en día, esta partida se suele separar, en función del volumen del establecimiento, en salsero y pescadero.

  Forma parte de la cocina caliente.

- **Pastelería:** en establecimientos de amplia oferta y cierta entidad, se elaboran postres, desayunos, meriendas y productos dulces necesarios para las demás partidas. Suele tener una zona fría para la elaboración de helados y postres fríos, y una zona caliente, con hornos y fogones, para la confección de bollería, bizcochos, masas, etc.

Además, la cocina tiene tres subdepartamentos vitales para el buen funcionamiento y que deben estar muy próximos a ella: el almacén, la *plonge* y el *office.*

- **El *office:*** es el lugar donde se limpia y se conserva la vajilla, la cubertería y la cristalería. Los productos de limpieza son específicos y no deben mezclarse con otros.

- **La _plonge:_** es el lugar donde se limpia y se seca la batería, los útiles y herramientas sucios. Generalmente está formado por un fregadero, una estantería con rejillas, de material inalterable, y una zona para almacenar los productos necesarios de limpieza. Como en el caso anterior, los productos y utensilios de limpieza son específicos de esta partida.

- **El almacén:** es el lugar donde se almacenan alimentos no perecederos y en alguna ocasión algún producto perecedero. El jefe de economato o almacén se encarga de recibir toda la mercancía, comprobar calibres, pesos y medidas, almacenarla y posteriormente repartirla a la cocina o a la sala tras haber recibido previamente los vales de pedido. Otra de las funciones de esta partida es la del control y rotación de _stocks._

El funcionamiento de una cocina tradicional consiste en la recepción de mercancías, almacenamiento de las mismas en cámaras o almacenes, y posterior elaboración para el servicio.

Entendemos por servicio la actividad de elaboración, la puesta a punto y montaje de platos y su pase al comedor. Para su correcto desarrollo necesitamos seguir una serie de pasos:

1. **Elaboración:** consta de la puesta a punto previa al servicio tras la preelaboración y la actividad propiamente dicha, en la que cada partida prepara los platos a su cargo.

2. **Servicio:** el jefe de cocina canta las comandas que se marchan en sala y las partidas se encargan de elaborar y suministrar los platos para su terminación (revisión y decoración de platos). El servicio siempre tiene que realizarse en silencio, de forma seria y respetuosa, de manera que evitemos caer en distracciones.

3. **Final del servicio y desbarasado:** una vez que concluye el pase de todos los platos, y la recogida o desbarasado y se finaliza el servicio, es función de los jefes de partida revisar los géneros disponibles y cumplimentar el relevé (documento en el que se especifican los géneros agotados para su posterior pedido).

Tras el desbarasado, es función del jefe de cocina revisar el correcto apagado de los equipos, cierre del gas, etc.

EJEMPO DE DIAGRAMA DE MARCHA ADELANTE

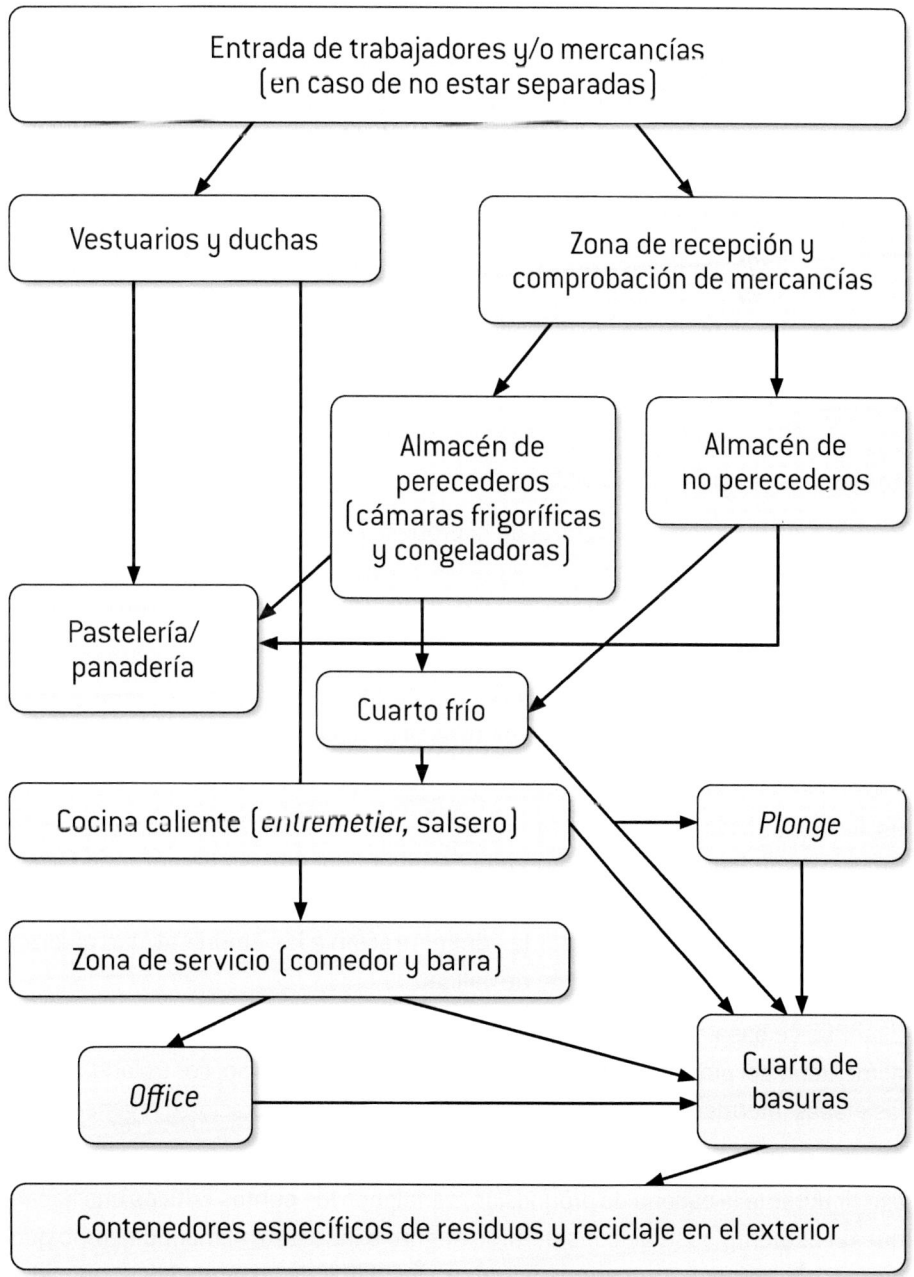

INSTRUMENTOS DE CONTROL DE LA CALIDAD

Al realizar el trabajo en un establecimiento de producción y servicio de comidas y bebidas, teniendo en cuenta el tipo de oferta hostelera al que vaya dirigido el establecimiento y sus peculiaridades, se debe tener en cuenta una serie de normas generales, comunes a todo tipo de establecimientos de restauración para garantizar la seguridad y calidad alimentaria.

Junto a estas condiciones básicas de seguridad e higiene, la legislación actual exige además el seguimiento y cumplimiento de programas como:

- Análisis de peligros y puntos de control crítico (APPCC).

- Guías de prácticas correctas de higiene(GPCH).

- Programa de limpieza y desinfección.

- Programa de desinsectación y desratización (control de plagas).

- Exigencias para los manipuladores de alimentos.

Análisis de peligros y puntos de control crítico (APPCC)

El APPCC es el sistema de control de la producción en restauración más utilizado en el mundo. Su origen está en la NASA, y posteriormente fue utilizado por el ejército de EE. UU. para controlar la calidad alimentaria en todos los procesos de transformación.

Es un sistema integral de la producción desde dentro, no únicamente contemplando el producto final, sino de todo el proceso, involucrando también al personal del establecimiento, fomentando el autocontrol.

Está aceptado como norma estándar de control de la calidad alimentaria por la Organización Mundial de la Salud y la Comisión del Códex Alimentarius (el organismo más alto a nivel mundial en cuanto a normativa sobre alimentación). Es un instrumento requerido por la administración a las empresas que quieran conseguir cualquier certificación de calidad.

El APPCC se basa en la prevención, garantizando la seguridad, higiene y calidad alimentaria del producto desde su recepción hasta el servicio, controlando todas las etapas intermedias: conservación, preelaboración, elaboración y regeneración.

El método APPCC consiste en la identificación de los posibles riesgos que pueden existir durante la cadena de producción, señalando los **puntos críticos** que hacen que un alimento pase de considerarse seguro a inseguro, al mismo tiempo que señala las acciones protectoras y registra los datos de los procesos (caducidades, fechas de envasados, etiquetado, temperaturas, etc.).

Su sistema de funcionamiento se encuentra definido en el Real Decreto 3484/2000, que obliga a las empresas a desarrollar y aplicar sistemas continuos de autocontrol para garantizar la seguridad y calidad alimentarias, mediante registros y documentos.

Guías de prácticas correctas de higiene (GPCH)

Las empresas hosteleras deben aplicar y mantener un sistema de autocontrol permanente basado en los principios del análisis de peligros y puntos de control crítico (APPCC).

En el caso de las empresas pequeñas, y ante la aparente complejidad de desarrollar un APPCC por sí mismas, pueden empezar por utilizar guías de prácticas correctas de higiene (GPCH), basadas en una combinación de elementos de buenas prácticas de higiene y el APPCC, ya que son más sencillas.

Los diferentes organismos responsables de sanidad y consumo, tanto a nivel nacional, como autonómico y local en colaboración con distintas organizaciones empresariales, han venido desarrollando guías para facilitar la implantación del sistema de autocontrol dirigidas a microempresas alimentarias que encuentren dificultades para la implantación de un sistema APPCC completo de forma autónoma.

Estas guías pueden ser utilizadas de manera voluntaria para iniciar el sistema de autocontrol y serán una herramienta sencilla que facilita a los negocios de hostelería conocer el sistema, mejorando su calidad y siendo una herramienta útil para que los más reticentes o menos conocedores las lleven a cabo.

Recomendaciones para elaborar un GPCH. Contenido mínimo:

1. **Utilidad de un GPCH**

    1.1. Objetivos y beneficios

    1.2. Descripción del tipo de establecimiento, tipo de servicio y oferta del mismo

    1.3. Instrucciones para la correcta utilización y aplicación de la GPCH

2. **Requisitos generales de higiene (prerrequisitos)**

    2.1. Plan de control del agua (asegurado en el 99 % de los casos por las redes públicas de abastecimiento)

    2.2. Plan de limpieza y desinfección (sencillo)

    2.3. Plan de control de desinsectación y desratización (sencillo)

    2.4. Plan de formación y capacitación del personal en seguridad alimentaria (sencillo)

    2.5. Plan de control de proveedores (sencillo)

    2.6. Plan de trazabilidad

    2.7. Documentos para el registro simplificado de todas las actividades

Programa de limpieza y desinfección

Este programa tiene una finalidad concreta: clasificar y eliminar los residuos, así como llevar los indicadores de flora microbiana a límites aceptables.

Para ello, se deberían elaborar unas fichas sencillas que constaten el cumplimiento de cada uno de los pasos del plan:

- Fichas registros de la limpieza de los locales, del equipo y del utillaje.
- Fichas técnicas de los productos de limpieza utilizados (los proveedores deben suministrarlos o pueden venir en el etiquetado de los mismos).
- Ficha registro de incidencias y las medidas de corrección aplicadas.

Programa de desinsectación y desratización (control de plagas)

Este programa tiene una finalidad doble, por un lado prevenir la aparición de estas plagas y por otro eliminarlas en caso de que la prevención haya resultado poco útil.

Para ello, se debería elaborar la siguiente documentación:

- Planos de las instalaciones donde aparezcan las ubicaciones exactas de los cebos.
- Ficha de mantenimiento y revisión de elementos disuasorios tales como rejillas y mosquiteras.
- Ficha registro de incidencias y correcciones aplicadas.

Exigencias para los manipuladores de alimentos

Gran parte de los desperdicios generados en cocina procede de los alimentos o géneros. Se trata de materia orgánica que puede favorecer la aparición de plagas como insectos y roedores. Por esta razón, las zonas de preelaboración, almacenamiento y zona de basuras deben estar separadas de la zona de elaboración y servicio de platos preparados.

Al mismo tiempo, al elegir su ubicación, debemos evitar que existan en las cercanías focos de contaminación y, a ser posible, deben aislarse viviendas u otros locales no relacionados, cuando no incompatibles con la actividad.

MAPA CONCEPTUAL

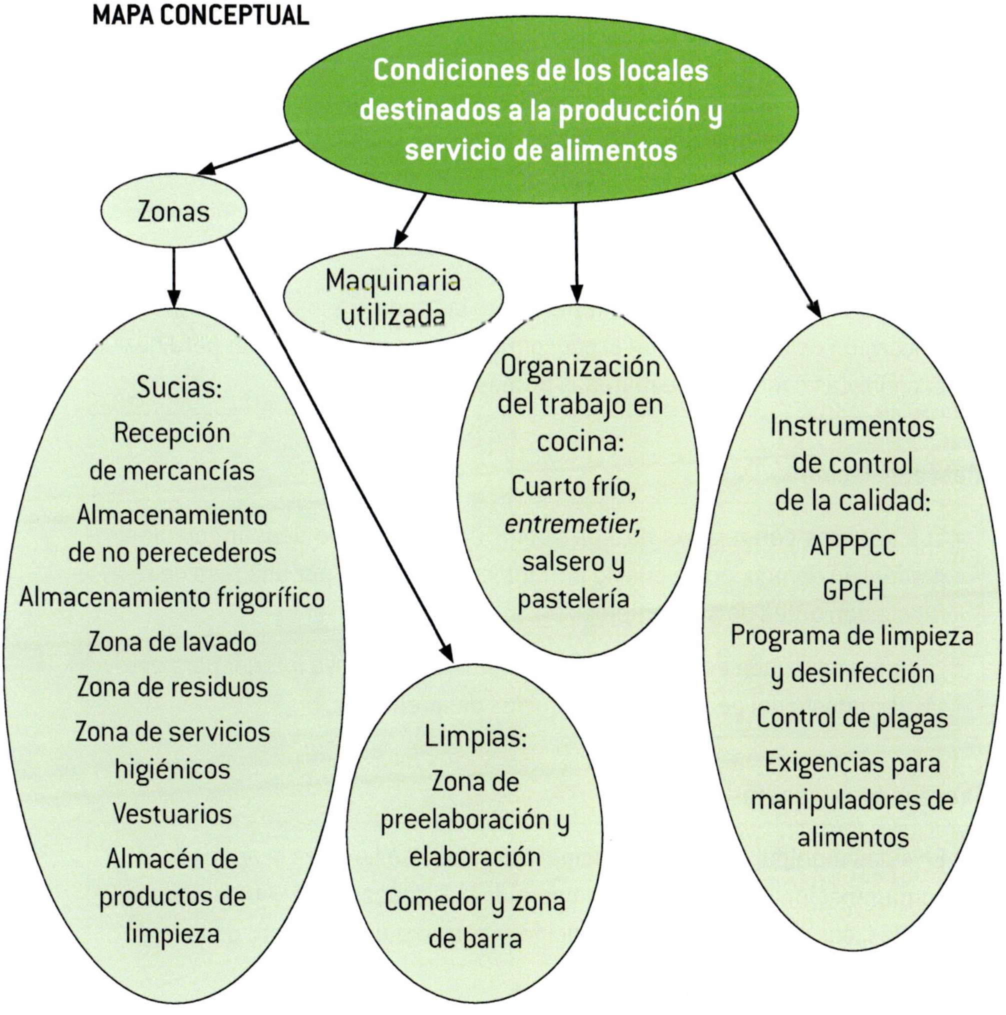

Condiciones de los locales destinados a la producción y servicio de alimentos

Zonas

Maquinaria utilizada

Sucias:
Recepción de mercancías
Almacenamiento de no perecederos
Almacenamiento frigorífico
Zona de lavado
Zona de residuos
Zona de servicios higiénicos
Vestuarios
Almacén de productos de limpieza

Limpias:
Zona de preelaboración y elaboración
Comedor y zona de barra

Organización del trabajo en cocina:
Cuarto frío, *entremetier*, salsero y pastelería

Instrumentos de control de la calidad:
APPPCC
GPCH
Programa de limpieza y desinfección
Control de plagas
Exigencias para manipuladores de alimentos

2.2. Actividades de prevención y control de los insumos y procesos para tratar de evitar resultados defectuosos

Recepción de géneros

- Dependiendo de cada materia prima o género y sus características de transporte y conservación (a temperatura ambiente, refrigerado o congelado), lo ideal es que la persona que recepciona los géneros sea siempre la misma para evitar confusiones o pérdidas por diferentes criterios.
- De no ser posible, las personas que lo hagan deben seguir unas pautas básicas (examen visual, táctil y olfativo, toma de temperaturas en caso de sospecha, fechas de caducidad y rechazo de géneros defectuosos o caducados).

Almacenamiento de géneros

- A continuación debe procederse a su almacenamiento hasta su utilización teniendo en cuenta el principal factor de riesgo: la pérdida de la temperatura adecuada durante este periodo de tiempo, especialmente grave en el caso de rotura de la cadena de frío en productos refrigerados o congelados, que debe ser siempre evitada.
- Además deben cuidarse muy atentamente las condiciones, temperatura y colocación de los géneros en el economato o almacén para evitar pérdidas económicas o mermas de materias primas.

Descongelación

- Los géneros congelados han de seguir un proceso de descongelación gradual en tiempo, por lo cual lo preferible es que pase por una fase de refrigeración antes de su manipulación.
- La forma adecuada es con un recipiente provisto de rejilla inferior para evitar el contacto del género con los líquidos desprendidos.

Procesado de géneros crudos

- En estas manipulaciones el principal riesgo que se corre es la aparición de contaminación cruzada por cualquiera de sus causas: mal uso del utillaje (tablas, cuchillos, etc.), manipulación incorrecta o no respeto de la regla del siempre adelante.

Procesado de géneros fritos

- En este caso, el riesgo más importante es el mal uso del aceite no respetando su vida útil, lo que, además de constituir un serio peligro para la salud, supone una merma de las características organolépticas de los géneros.

- Hoy en día existen instrumentos que miden las condiciones de viscosidad, color y demás parámetros medibles. Si no se dispone de los mismos, el no elevar demasiado las temperaturas de fritura (180 °C o menos), el tiempo de fritura o la simple observación visual servirán para detectar, al menos en unos niveles mínimos, los posibles riesgos.

Procesado de géneros cocinados

- En muchas ocasiones las distintas fases de cocinado someten a los géneros a cambios en sus características iniciales; en todo caso, bastará con respetar unas temperaturas mínimas (65 °C), una correcta manipulación y servicio para evitar problemas significativos.

- En el caso de algunas materias primas como los huevos, la temperatura ha de ser de más de 75 °C en el centro del producto y almacenarse, así como consumirse en el menor tiempo posible. Todo ello servirá para evitar el principal riesgo, que es una contaminación por salmonela.

- Si los géneros cocinados no van a ser consumidos de forma inmediata es conveniente enfriarlos para evitar la proliferación microbiana.

- El recalentamiento de los mismos debe hacerse en condiciones adecuadas de tiempo y temperatura para evitar riesgos microbiológicos, así como vigilando su manipulación para impedir la contaminación cruzada.

- En aquellos momentos en que sea necesario elaborar y almacenar los alimentos ya cocinados un tiempo determinado, se deberá hacer a unas temperaturas adecuadas: de forma genérica, a menos de 8 °C y no más de 24 horas.

Proceso de emplatado y servicio al cliente

- En esta fase, dada las características del servicio en hostelería, suelen relajarse las medidas de vigilancia y control; al ser un periodo de alta actividad y presión, todos los manipuladores centran su atención en aspectos como la presentación de los platos y la rapidez del pase.

- Por ello, no está de más mantener la alerta sobre aspectos claves: correcta manipulación, eludir tiempos muertos en el mencionado pase y coordinarse de forma adecuada con el servicio de sala. Todo ello impedirá o minimizará los riesgos, así como evitará excesivas devoluciones de comedor por temperaturas inadecuadas de servicio.

MAPA CONCEPTUAL

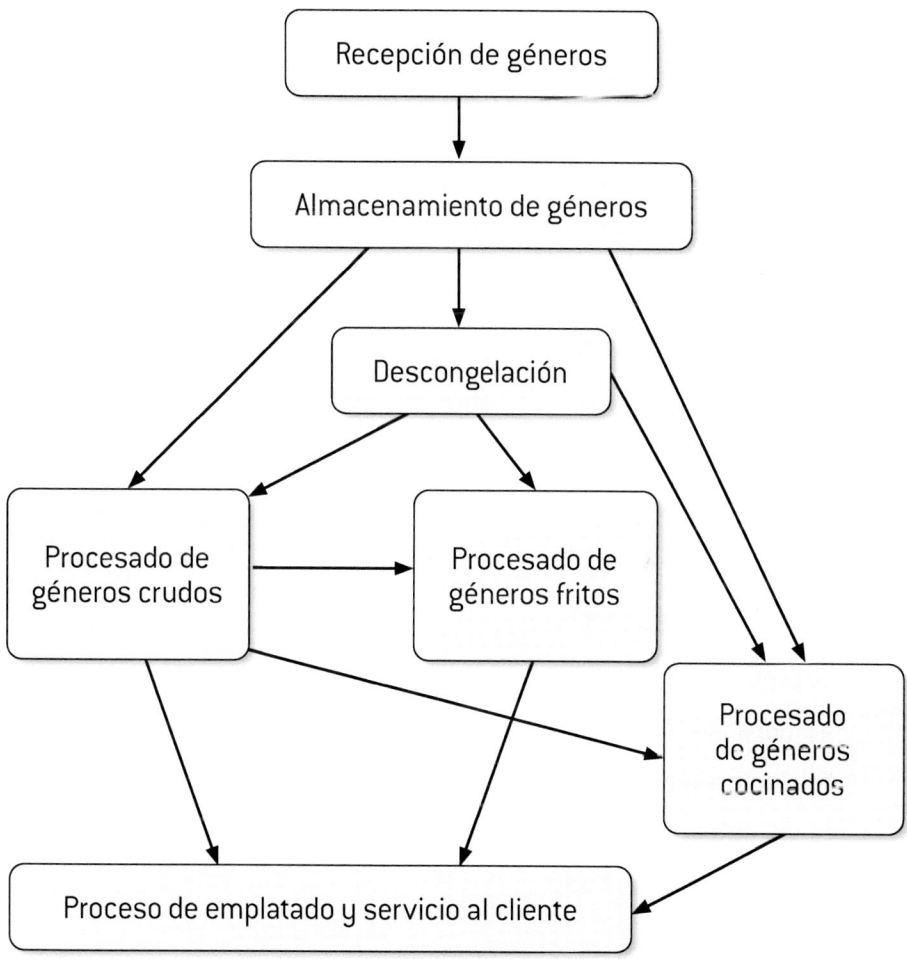

ACTIVIDADES FINALES

De comprobación

2.1. Los establecimientos de hostelería deben prestar cada vez más atención a:

　a) La profesionalización del personal.

　b) Los sistemas de autocontrol.

　c) La gestión de los residuos.

　d) Todas son correctas.

2.2. El servicio de aperitivos y entremeses puede ser realizado por:

　a) Cafeterías.

　b) Restaurantes

　c) *Caterings.*

　d) Todas son correctas.

2.3. La zona de almacenamiento debe estar situada:

　a) Separada de la zona de elaboración.

　b) Junto a la zona de elaboración.

　c) Junto a la zona destinada a gestión de residuos.

　d) Ninguna es correcta.

2.4. Es una zona limpia:

　a) La zona de lavado.

　b) La zona de almacenamiento de productos de limpieza.

　c) La zona de elaboración.

　d) La zona de servicios higiénicos

2.5. El cuarto frío:

　a) Elabora fondos y potajes.

　b) Limpia y conserva la vajilla.

　c) Elabora canapés y aperitivos a base de huevos.

　d) Elabora canapés y aperitivos fríos.

De aplicación

1. Define y explica en qué consisten los distintos instrumentos de control de la calidad.

2. Define y explica el desarrollo de un diagrama de marcha adelante.

De ampliación

Aporta diferentes ejemplos de las actividades de procesado de géneros cocinados.

Caso práctico

Realiza un plano que recoja las zonas de almacenamiento, preelaboración y elaboración en un establecimiento especializado en el servicio de aperitivos, pinchos, tapas y tostas.

Glosario

A

- **Al punto:** cuando un género o una elaboración alcanzan su grado óptimo de cocción o de sazonamiento.

- **Acanalar:** realizar estrías en ciertas hortalizas y frutas como calabacines, pepinos, naranjas o limones para su posterior empleo como decoración.

- **Aderezar:** sazonar con diferentes condimentos y especias un género para ponerlo a punto para su elaboración.

- **Adobar:** introducir un género en una mezcla de especias y condimentos para cambiar su sabor, sazonarlo y/o prolongar su vida útil.

- **Albardar:** cubrir un género con láminas de tocino para aportarle jugosidad en técnicas como el asado o transformar su sabor.

- **Aligerar:** dar mayor fluidez a preparaciones como las salsas o cremas.

- **Aliñar:** sazonar con elementos ácidos y grasos preparaciones frías como ensaladas.

- **Armar:** preparar aves para su asado con el bridado o albardado.

- **Aromatizar:** añadir especias y/o condimentos a una preparación.

- **Asar:** cocinar un género en plancha, parilla u horno con una adición mínima de grasa.

- **Asustar:** añadir líquido frío a una preparación que se encuentra hirviendo para detener el hervido.

- **Aviar:** preparar un ave para su cocinado.

B

- **Batir:** remover fuertemente con varillas o maquinaria precisa una preparación.

- **Blanquear:** hervir un género desde frío hasta el hervor del líquido, retirándolo, para ablandarlo o eliminar olores y/o sabores no deseados.

- **Bresear:** cocinar un género a baja temperatura y durante largo tiempo en compañía de hortalizas, líquido y condimentos.

- **Bridar:** asir con bramante un género para su posterior cocinado.

C

- **Cincelar**: realizar pequeños cortes sobre la piel de un pescado para su posterior cocción en el horno o en la plancha.

- **Clarificar**: dar mayor limpidez a un fondo para transformarlo en un consomé o una gelatina.

- **Clavetear**: introducir clavo en un género, generalmente hortalizas, para aromatizar fondos y elaboraciones.

- **Cocer**: transformar por acción del calor las cualidades organolépticas de los alimentos.

- **Cocer a la inglesa**: cocer en abundante agua con sal. Se utiliza principalmente para hortalizas y géneros congelados.

- **Cocer al baño maría**: cocer una elaboración en un recipiente introducido en otro con agua hirviendo para que no llegue a ebullición.

- **Cocer al vapor**: cocinar en un entorno húmedo (vaporera u horno de vapor) alimentos ricos en humedad propiciando la cocción con su propio agua.

- **Cocer al vacío**: cocinar un género o una preparación en ausencia de oxígeno mediante horno de vapor o baño maría.

- **Cocer a la sal**: cocinar un género rico en humedad cubierto totalmente de sal gruesa.

- **Cocer en papillote**: cocer un alimento, con o sin guarnición o bresa, en una bolsa de papel sulfurizado o de aluminio en el horno bajo calor seco.

- **Colar**: tamizar una preparación líquida o semilíquida por colador o estameña.

- *Concassé:* término referido al corte en *brunoise* del tomate.

- **Condimentar**: sazonar un género.

- **Confitar**: cocer en grasa un género a baja temperatura.

D

- **Decorar**: hermosear una preparación para su servicio.

- **Desalar**: eliminar el exceso de sal de un género mediante su introducción en agua.

- **Desangrar**: en hortalizas significa añadirles sal para que pierdan su humedad. El desangrado en los pescados supone la inmersión en agua muy fría para que pierdan el exceso de sangre.

- **Desbarasar:** volver a poner a punto el área de trabajo tras finalizar la terea o el servicio.

- **Desecar o deshidratar:** eliminar la humedad de un género mediante la acción del calor.

- **Desescamar:** retirar las escamas del pescado.

- **Desglasar:** añadir un líquido a la placa donde se haya asado un alimento para recuperar el jugo o glasa para su posterior utilización.

- **Desgrasar:** retirar la grasa de una elaboración culinaria.

- **Deshuesar:** separar, con ayuda de útiles cortantes, los huesos de la carne.

- **Dorar:** someter a calor un género para favorecer su tostado exterior.

E

- **Empanar:** crear una superficie que resulte crujiente tras la fritura en un género mediante su introducción en pan rallado o bien su inmersión en harina, huevo y pan rallado.

- **Emparrillar:** cocción de los alimentos sobre parrilla a temperatura alta para evitar la pérdida de jugos.

- **Emplatar:** disponer sobre platos o fuentes los alimentos o distintas elaboraciones para su pase al comensal.

- **Emulsionar:** se refiere a la adición de burbujas de aire en grasas y/o huevo mediante el batido para provocar su aumento de volumen (en salsas, principalmente).

- **Engrasar:** untar un molde con grasa para evitar la adherencia de los alimentos durante su cocción.

- **Enharinar:** pasar un género por harina para su cocinado posterior.

- **Envejecer:** madurar una carne tras su sacrificio y previamente al cocinado.

- **Escabechar:** cocinar un género en un escabeche.

- **Escaldar:** introducir un género en agua hirviendo durante poco tiempo para ablandarlo y/o eliminar olores y sabores no deseados.

- **Escalfar:** cocer un género en un líquido a temperatura media-alta.

- **Escalopar:** cortar lonchas de un género en grosor medio-fino.

- **Espalmar:** aplastar un género para volverlo más delgado.

- **Espumar**: retirar las impurezas de preparaciones líquidas como fondos, salsas, sopas, etc.

- **Estofar**: cocinar en recipiente tapado y a fuego lento un género junto con hortalizas para que se haga en su jugo.

F

- **Faisandar**: envejecer o madurar las carnes de caza.

- **Filetear**: cortar un género en lonchas finas y largas.

- **Flambear**: añadir un líquido alcohólico a una preparación caliente para que arda y se elimine el alcohol.

- **Fondear**: cubrir con grasa o láminas de grasa la parte baja de un recipiente sobre la que se dispondrá el género para su cocinado.

- **Freír**: introducir un género en grasa caliente para su cocinado, debiendo resultar dorado y crujiente.

G

- **Glasear**: dorar la superficie de un alimento en el horno o la salamandra. También se refiere a la cocción en glasa de un alimento.

- **Gratinar**: dorar la superficie de un alimento en el horno o la salamandra para que la superficie se dore y adquiera una textura crujiente (con ayuda de ciertas salsas, queso y pan rallado).

- **Guarnecer**: acompañar una elaboración con preparaciones menores que la complementen que toman el nombre de guarnición.

H

- **Hermosear**: retirar los elementos que no necesitemos de un género para su preparación, como pieles, hojas y tallos, huesos y espinas, etc.

- **Hervir**: cocer un género en líquido a punto de ebullición.

L

- **Levantar**: hervir una preparación líquida para su desespumado y conservación.

- **Ligar**: espesar una preparación líquida mediante elementos de ligazón.

M

- **Macerar**: remojar en alcoholes, aceites, especias y/o condimentos ciertos alimentos para su preparación posterior.

- **Majar**: machacar en el mortero.

- **Marcar:** preparar los procesos previos a la elaboración de un plato antes de finalizar su cocción.

- **Marchar:** comenzar la preparación de una determinada elaboración.

- **Marinar:** macerar carnes o pescados en diferentes alcoholes, hortalizas de condimentación, condimentos y/o especias para alterar su sabor o ablandarlos.

- **Mechar:** introducir grasa en carnes que sean pobres en ella para su posterior cocinado.

- **Mojar:** añadir líquido a una elaboración para su cocinado.

- **Mortificar:** envejecer una carne.

N

- **Napar:** salsear un género cocinado o no con una salsa de cierto espesor.

P

- **Perfumar:** dar aroma a una preparación.

- **Picar:** introducir grasa superficialmente en una carne. Cortar géneros de forma fina.

- **Pochar:** cocer un género en grasa a fuego lento para favorecer su ablandado.

R

- **Racionar:** fraccionar un género para su elaboración o la misma para su servicio.

- **Rallar:** obtener pequeñas fracciones de un género mediante un rallador.

- **Rebozar:** enharinar y pasar por huevo batido un género para su posterior fritura.

- **Rectificar:** poner a punto para el servicio el sazonamiento de un plato o su terminación idónea.

- **Reducir:** obtener un mayor espesor o sabor de una salsa mediante la evaporación.

- **Reforzar:** añadir ciertas preparaciones a una elaboración para hacer más intenso su sabor.

- **Refrescar:** enfriar un género sometido a una preparación en medio líquido.

- **Rehogar:** cocinar en poca grasa y a fuego lento ciertas hortalizas para ablandarlas y que adquieran cierto tono de tostado.

- **Risolar:** dorar superficialmente un género en grasa.

S

- **Salar:** salmuerizar un género o poner a punto de sal una elaboración.

- **Salsear**: cubrir con salsa una elaboración.

- **Saltear**: cocinar géneros pequeños o porciones de ellos con poca grasa y a fuego vivo para dorarlos rápidamente y que resulten jugosos en su interior.

- **Sazonar**: condimentar un género antes de su elaboración.

- **Sofreír**: dorar ligeramente ciertas hortalizas en grasa.

- **Sudar**: hacer salir la humedad de los alimentos mediante cocciones lentas.

- **Sufratar**: napar un alimento con una salsa que cree una capa sobre el mismo.

T

- **Templar**: bajar la temperatura de una preparación.

- **Tornear**: dar forma con el cuchillo a ciertas hortalizas para su preparación (patatas, zanahorias, champiñones, etc.).

- **Trabar**: espesar o ligar preparaciones líquidas mediante elementos de ligazón.

- **Trinchar**: cortar para su servicio los géneros ya cocinados.

- **Triturar**: machacar frutas u hortalizas para la elaboración de purés o preparaciones de cremas para su posterior refinado. Suele realizarse con maquinaria específica.